〈出版人に聞く〉1

「今泉棚」とリブロの時代

今泉正光
IMAIZUMI Masamitsu

論創社

「今泉棚」とリブロの時代　目次

第Ⅰ部

1 前口上 3
2 本との出会い 4
3 今泉版「影絵の時代」 6
4 様々なアンソロジーとの出会い 8
5 予備校時代 10
6 埴谷雄高のこと 11
7 長編小説を読む 13
8 『現代人の思想』 15
9 大学時代 16
10 スタイナー『脱領域の知性』 19
11 キディランド入社 20
12 組合と書店の仕事 23
13 「今泉棚」の始まりと学参 26
14 キディランド書店人脈 31

第Ⅱ部

15 キディランド、リブロ、古本屋 39
16 書店員の移動 41
17 低正味買切制への移行の可能性 44
18 八〇年代の出版業界の構造 46
19 小川道明が語る「今泉棚」 49

20　キディランドから西友へ　51
21　西友前橋店へ　54
22　前橋での文化運動と古本屋　56
23　街頭のアカデミー　58
24　様々なイベント企画、読書会　61
25　池袋店異動とその背景　64
26　リブロ前史　67
27　地方・小出版流通センターとのタイアップ　70
28　リトルマガジンの時代　71

第Ⅲ部

29　ニューアカデミズムの到来　77
30　浅田彰『構造と力』　78
31　五千部売った『現代思想・入門』　82
32　フーコー『言葉と物』　84
33　中沢新一『チベットのモーツァルト』　86
34　「今泉棚」の原型　89
35　『ゲーデル、エッシャー、バッハ』と『アンチ・オイディプス』の売れ行き　92
36　「流行と不易」のバランスと日常の仕事　94
37　堤清二人脈との交流　98
38　スタッフ養成と勉強会　101

第Ⅳ部

39 大手出版社との関係 107
40 出版業界の階級構造 110
41 出版社の倉庫に仕入れにいく 114
42 鈴木書店との取引開始 119
43 吉本隆明のこと 122
44 「書物の磁場」としてのリブロ 125
45 「－POST」について 128
46 「CONCORDIA」について 132
47 様々なブックフェア 134
48 「日本精神史の深層」フェア 136
49 『悪魔の詩』の販売 139

第Ⅴ部

50 リブロ池袋の売上と入荷量 145
51 百貨店と書店の関係 149
52 万引問題「棚不足」検討会 153
53 セゾングループと「大きな物語」の終焉 157
54 リブロの消滅 161
55 「今泉棚」の可能性 164

あとがき 167

【参考資料】 169

「現代知の海図」目録（巻末折り込み）

「今泉棚」とリブロの時代

インタビュー・構成　小田光雄

第Ⅰ部

1　前口上

――まず簡単な前口上を述べさせてもらいます。今泉正光さんは一九八〇年代から九〇年代初頭のリブロで、「今泉棚」とよばれる独創的な品揃えによって、今でも神話的書店人として語り継がれている。そしてまた現在の多くの若い書店員たちからも今泉さんの話を聞きたいとの声が上がっているようです。

私は論創社から『出版状況クロニクル』のⅠとⅡなどの出版業界の現在分析、『古本探究』などの近代出版史に関する本をずっと出してきました。

いわばこれらの自著は「本に関する本」ということになりますが、他の著者の本も加え、バラエティに富んだシリーズ化を目論見たいと、論創社の森下紀夫氏に提案したところ賛同を受けました。

それらの企画の中で、まず今泉さんへのインタビュー本へのこだわりがあって、これをぜひ実現したいと考え、現在お住いの長野へやってきたわけです。戦後世代の先端に属する今泉さんの軌跡は単に書店史のみならず、戦後の書物史、読書史を表象しているはずですし、それらのこともぜひうかがってみたいと考えています。
今泉　私の話にたいした意味があるとは思えませんが、あなたのご期待にそえるかどうかわからないけれども、とりあえず始めてみましょう。

2　本との出会い

――　まずは個人的な読書史を聞かせて下さい。書店や図書館状況だけを考えても、現代とまったく異なっていて、その何よりの特徴はいずれも比較にならないほど規模が小さかったことで、そのような本の環境の中にあって、私たち戦後世代は読書体験をスタートさせている。

今泉さんの場合は高校時代からだと聞いていますが。

今泉　生まれた宇都宮の高校時代からですね。受験勉強するのが嫌で、筑摩書房の『世界文学大系』に入っていたデカルトとパスカルを合わせた巻を読みました。

――　A5判の箱入りの朱色の本ですね。あの三段組みの。

今泉　そう、デカルトは『方法序説』『省察』、パスカルは『パンセ』『プロヴァンシアル』

などが収録されていました。それでこういう世界があるんだ。こっちのほうが受験勉強よりおもしろいと思った。これがパスカルとデカルトの読み始めということになります。これらを全部わかったわけではないけれど、わかるところだけ開いていても、なるほどなと思うところもあったんですね。

――筑摩書房のそれは自分で買ったんですか。

今泉　たまたま家にあったんです。四百五十円くらいの定価だったと思いますが、兄貴が買った本じゃないかな。それは今でも持っていて、自宅にあります。

あれで哲学ってのはそんなにこむずかしいものじゃないと思った。その頃の友達に家の離れに住んでいるのがいて、彼がそこで「夜、勉強しよう」と言うから、一緒に受験勉強すると口実をつくり、夕方七時頃から出かけていきました。

当然のことながら、受験勉強はしないで、読んできた本の話ばかりしていましたよ。離れだから、煙草を吸っても平気だし、似たような連中も集まってきて、これが私にとっての「影絵の世界」だった。

――私もそう言おうと思った。これには少しばかり注釈が必要なので、それを付け加えておきます。埴谷雄高に『影絵の世界』（平凡社）があり、埴谷の大正時代から始まる乱読史を回想したもので、彼もまた離れと称すべき家に住み、様々な多くの友人たちが訪れていたことも書かれている。
そこで埴谷は上野の図書館や九段下の大橋図書館へ通っていたことも述べていますが、今泉さんも図書館を使っていたんでしょう。

3　今泉版「影絵の時代」

今泉　まあ、そこそこですね。勉強するふりをしながら、図書館に行ったりもしていました。両親も友達の離れや図書館に行くといえば、勉強だと思っていたから。でも行って勝手なことばかりやっていましたね。

――これも説明を加えておいたほうがいいかな。今では住宅事情や大家族といった環境が変わってしまったこともあって、もはや成立しないと思われるけれども、当時の話をすると、誰か必ず離れに住んでいるやつがいて、そこがたまり場だったというエピソードがいっぱい出てくる。だから離れは私たちの世代までは重要なトポスだった。後の団地やアパート、今のマンションだったら、ありえない話になってしまうだろう。

今泉　そういうことですね。そこら辺の事情は埴谷さんの時代と地続きですよ。それが高校三年の夏休みあたりから始まったんです。

――それから東京に出てきて下宿するようになり、さらに本格的に今泉版「影絵の時代」が始まっていくわけですね。

今泉　まさに本格的に。ほとんど勉強せず、ひたすら本とジャズ喫茶通いでしたね。

――私も地方の出身だからよくわかるけれども、当時の地方と東京では知識や情報の差というものがものすごくあった。

例えば、東京のプレップスクール（進学校）に行っている連中と地方の高校生の場合、情報格差がはなはだしかった。地方にいて線でたどっていたのが、東京の連中にとっては面になっていたという印象がある。

その要因は様々に挙げられるが、やはり本だったら、東京の場合実物を手にとることができる環境にあったことだろう。地方の場合だったら、人文社会系の本が揃っているのは県庁所在地か、それに準ずる地方都市の書店しかなく、実物を見ることも困難だった。

そのことによって文化知識の蓄積の差は否応なく生じていた。同じように日本文学全集や世界文学全集を読んでいても、一冊ずつ読んで線を引くことはできても、面、もしくは立体的になっていなかった。それが東京に出てきて実感したことで、文化や知識の格差というものを認識した。それは当時の地方出身者の誰もが遭遇した事実だと思う。

4　様々なアンソロジーとの出会い

今泉　ところがそれを埋めようとする格好のシリーズが相次いで刊行されたので、それらにすっかりはまってしまいました。

学芸書林の『全集・現代文学の発見』、平凡社の『現代人の思想』、筑摩書房の『戦後日本思想大系』（巻末【参考資料】参照）、これらが大きいですね。筑摩書房にはもうひとつ、『現代日本思想体系』がありました。その他にも世界文学全集や様々な個人全集、中央公論社の『世界の名著』なんかも読んでいたけれど、結果として本屋をやる上で、本当にためになりましたね。

だから本屋になるための前提条件は、要するに本屋に入る前にどのくらい本を読んでいるかが重要ですね。下部構造が上部構造を決定するという俗流唯物史観みたいなものですよ。それと友人たちとの対話というか、議論の蓄積も大きいと思いますね。

――いずれも懐しいシリーズで、『戦後日本思想大系』は黄色い箱入り、『現代日本思想大系』はオフホワイトの箱でしたね。

東京と地方の差を埋めるものとしての書物群として、これらを挙げられたのはとても象徴的な気がしますし、今泉さんの後のリブロでの棚作りにかなり反映されていると思います。

これらがいずれも文学や思想の新しいアンソロジーであることは偶然ではないでしょう。そしてこれらを読破すれば、文学や思想の新しい面を描き出すこともできる。

この中に岩波書店のものが入っていないことも特徴的で、今になって考えれば、出版企画のパラダイムチェンジの時代を告げていたようにも思えます。ただこれらに言及しているときりがないので、巻末にこれらの内容明細を掲載し【参考資料】とすることで、さらなる言及に代えておきます。

ところで上京したのは予備校に行くためでしたよね。

5　予備校時代

今泉　一応代々木ゼミナールに籍を置いたんですが、行ったのは入学式だけで、あとは本を読んでいた。やたら読みまくって、友達の浪人、学生等と議論ばかりしていた。ひたすら本を読み、議論し、それを二年間続けました。親のすねをかじりながら、二浪したわけだから、不肖の息子ですよ。

その他には学生運動の石投げ応援団とジャズ喫茶通いに明け暮れました。アパートは代々木の近くだったから夕方六時頃に起きて、歩いて新宿のジャズ喫茶の「ポニー」に行った。友達がその頃、ミュージシャンで夜中の二時ごろクラブやライブから戻って来たので、それで明け方の四時までジャズを聞いたり、本を読んだりもして、始発の電車でアパートに帰るというパターンでした。

学生運動のほうは革マル・中核やら、どのセクトにも友達がいたりしたから、応援を頼まれるたびに出かけていって、機動隊に追いかけられながら、石を投げていた。でもセクトにだけは入らなかったですよ。

私はあの当時から革命なんかまったく信じていなかったから。現実認識がずれていると思っていましたから。日本はオリンピックが終わって、高度成長期の真っ只中だった。そんな中でどうして革命なんか起きるのよと考えていました。もちろんマルクスも多少かじっていたけれど。

それに埴谷雄高の影響を受けていたから、パルタイ（共産党）であれセクトであれ、主体性の問題を含めて非常に抑圧的だということがよくわかっていました。そんな人間に革命なんか信じられるはずもないですね。笑わせるんじゃねえよというのが掛値なしのところだったんですよ。ただ今の社会も気に入らないし、学生の言い分もわかる。だから野次馬として、応援にきてくれと言われれば、日大にも明治にも出かけていったのですよ。

6　埴谷雄高のこと

――埴谷の話が出ましたが、先に挙げた『戦後日本思想大系』の一冊に彼の編集・解説『革命の思想』があり、『全集・現代文学の発見』には『死霊』が収録されていた。とりわけ『死霊』はこのように全集に収録されることがなかったので、私たちはこれで『死霊』を読むことができ、それこそ戦後文学の知られざる面にふれた思いがしました。

今泉　それにやはり六〇年代の埴谷さんはすごかった。時代認識が桁ちがいにすごかったと思います。例えば状況認識でいえば、六〇年代にフルシチョフによるハンガリー動乱のナジ裁判と処刑というのがありましたが、あの当時、ナジ裁判の問題を世界史的な大きな視野の中で分析している人は埴谷さんだけでしたよ。やはり「永久革命者の悲哀」を書くだけのことはある、圧倒的な現実透視力だと思いました。

ハンガリー事件からそこに至るソ連共産党の抑圧の構造とスターリニズムを全部突き抜けた上で、あの裁判の問題を直視している。吉本さんも埴谷さんの鋭い洞察に対し、最大の敬意を払っていましたねそれは。あの当時の埴谷さんの国際政治を見る目がいかに鋭かったかを示していると思います。

埴谷さんのすごさはまだ少数にしか認識されていなかったと思いますが……。よく言われた「吉本千年埴谷万年」の時代でしたよ。

――確かに私などの十代の読者にはそこまで読み取れてなかった。それらの問題は『幻視のなかの政治』の中に書かれていましたが。

今泉　私は後で再読してみて、びっくりしてしまった。この人はこういうことまで、あの当時考えていたんだと。だって「撃てと言う者を撃て」なんて言う人は他にいなかった。後に吉本さんが反核異論を唱え、埴谷さんと対立しましたが、その基本的認識には埴谷さんのそれがある。反核以前にすでに埴谷さんは「撃てと言う者を撃て」と言っていたのですよ。世界で唯一人、兵士は逆に国家の司令官に対してミサイルを発射すべきだと明言していたのだから。

そのこともあって、私の立場はクロポトキン、バクーニン、シュティルナー、石川三四郎のほうで、アナキズム寄りでしたね。

――これまでの話をたどりますと、今泉さんの「影絵の世界」は高校三年から始まり、浪人二年までの間に、先に挙げたシリーズ物、埴谷や吉本、近代文学から戦後文学までに及んだ。当然のことながら、外国文学も読破されたわけですね。

7　長編小説を読む

今泉　それはドストエフスキーやカフカから始まって、誰かに教えられたのではなく、乱読というか、好きなように読んでいったのです。コリン・ウィルソンにも教えられました。

ただ長編小説に熱狂的になっていた時期があって、プルースト、トルストイ、トーマス・マン、バルザックとか。要するにやたらに長いものを読みたくなる。『ジャン・クリストフ』なんかもそんな時に読みましたね。

そういうものを熱狂してすごいスピードで読むんですよ。『カラマーゾフの兄弟』も『戦争と平和』もそうやって読みました。朝起きて飯食って、トイレに行って風呂に入る以外、ずっと読み続けたりして。頭に入ったかどうかは別にして、とにかくほとんど読むわけです。

そういうことが別に違和感なくやれる時期があるんじゃないかと思う。つまり何の脈絡もない乱読の時代というものがね。

それがフローベールやヴァレリーに行ったりもした。でも次第に年齢が上がってくると、読むことの面白さに加え、頭の中で少しずつ考えるようになり、わからないところはわかったふりや飛ばしたりしても、自ずから理解のレベルが少しずつ高くなっていくような気がするのですよ。

8　『現代人の思想』

――浪人生活とはいえ、とんでもない教養課程を経て、大学に入ることになるわけで、これまでと異なる、それこそスウィフトをもじれば、新しい「書物合戦」へと向かった。

今泉　まあ、それほどでもないですが。その思考基盤として役立ったのは平凡社の『現代人の思想』全二十二巻でした。筑摩書房の『現代日本思想大系』と『戦後日本思想大系』で、日本の近現代思想のアウトラインは押さえた。

それは別に国家や社会のためではなく、友達と論争するための理論武装のつもりからだったですね。議論に負けたらいやだし、自分の考えに整合性を持たせる必要もあった。この場合、埴谷さんは何を言っただろうか、花田清輝や林達夫だったらどう考えただろうかという問いとも密接に絡んでいた。林さんからは「精神史」のおもしろさを学びました。『現代人の思想』はその林さんも関わっていたと思いますが、西洋の現代の思想アンソロジーとしては画期的なものでしたね。

山口昌男の実質的デビューは、この中の一冊『未開と文明』（15巻）の編・解説だと見なせます。ベンヤミン、アドルノ、バタイユ、レヴィ＝ストロース、エリアーデ、アーレントなどを読んだのも、このシリーズです。これで西洋の見取図が描けたし、西洋思想も読まなければいけないと実感しました。

それと同時に渋澤龍彦、種村季弘、由良君美さんたちの西欧の文化史への関心が形成されました。その意味では大学から本屋時代にかけて、様々な意味でためになったと思います。

―― それは同感です。

中央公論社の『世界の名著』の大半が古典だったことに比べて、『現代人の思想』は現代思想アンソロジーで、『世界の名著』とは異なる西洋の見取図が示されていた。それに白地のソフトカバーで、既存のアカデミズムとは一線を画する体裁だったし、これがそれらも含めてニューアカデミズムの先駆け企画として位置づけられるかもしれない。

9　大学時代

今泉　そう言っていいんじゃないですかね。

例えば、大学の試験なんかで「ルネサンスについて書きなさい」という問題が出る。これが『世界の名著』だったら、ブルクハルトかなんかになってしまいますが、『現代人の思想』を読んでいると、パノフスキーやホイジンガとかクルティウスが浮かんでくる。これが両者の差ということになるし、中世を含んだ異なった歴史の陰影が見えてもくる。

それは哲学も同じでした。「主観と客観」という問題が出た時に、カントだろうがデカルトだろうが、それをめぐって色々読むわけです。そうすると試験の時間内では頭に入っているにもかかわらず、書き切れない。それで先生に言って、私だけ三十分ほど延ばしてもらって、試験用紙の裏表にびっしり書いたりしました。「近代の疎外を克服する道を記せ」という問題が出された時も同様でしたね。

マルクスからフランクフルト学派まで、わかってもわからなくても自分なりに読みました。半年間猛烈に読んだことを書くことになるわけですよ。それで疑問が生じると、先生の研究室に行って質問する。ひどい時には授業が始まった途端、私の「質問」が始まって、一時間半の授業が私と先生の論争だけで終わってしまったこともあったりしましたね。

考えてみれば、若気の至りに尽きるし、馬鹿なことをしたと思う。中途半端な知識で、議論を挑んだりしたわけですから。

そういうはちゃめちゃなことをやっていたけど、先生の中には「こいつ、おもしろい」とか思われたりしていて、最後の頃には「おまえ、就職は大丈夫か」と心配までしてくれた。教授会で「出席日数が足りない」といって問題になったらしい。試験だけ受けて、授業にほとんど出ていなかったですから。

これは後から聞いたんだけれども、何人かの教授が「あいつはいいんじゃないの」とか言ってくれたらしい。それで無事に卒業できたんですよ。

だけどその一方では、相変わらず人間関係も含めて「影絵の世界」は続いていて、友達のアパートを転々として議論ばかりしていました。

――今泉さんはジャズ喫茶の話からわかるようにジャズにも造詣が深いし、今でもよく聴いていているそうですが。そのジャズはともかく、ロックなんかはどうだったんですか。

今泉　あの当時はビートルズが全盛で、「サージェント・ペパーズ・ロンリー・ハーツ・クラブ・バンド」とか「レット・イット・ビー」が大いにはやっていた。ですから無関心ということはなく、「レット・イット・ビー」は「なすがままに」だから、その歌詞を聖書と照らし合わせて読んだことがありましたね。「ア・デイ・イン・ザ・ライフ」なんかジョイスの影響かなとか思っていました。

またディランやザ・バンドの「ウエイト」と聖書の共通性も気になって、それでカール・バルトなんかも参照したりして、自分なりに新約聖書とも関係があるのではないかと思い、読んでいたりして勝手な解釈していましたよ。

10　スタイナー『脱領域の知性』

――ビートルズの「レット・イット・ビー」と聖書の組み合わせは面白いですね。後の「今泉棚」を彷彿とさせる。

今泉　このような下地があるので、本屋に入った時にはすでにそこそこ品揃えが見えていたように思う。生意気なようだけど、日本文学から世界文学、思想から芸術まで関心が広がり、人文・文学には多少自信がありましたね。

ジョージ・スタイナーの『脱領域の知性』（河出書房新社）という本があって、私も人文書を脱領域的に横断することを楽しんでいましたね。ただそういう人たちの中でも大物であるクルティウスとかアウエルバッハを読むと、語学の才能からして絶望的なまでの能力格差を感じましたよ。それに加えて彼らの勉強量がとんでもないことがひしひしとわかったんです。

だからこれらの事実を踏まえた上で、日本の文学や思想も考えるようになりましたね。そういう視点から見ると、小林秀雄は戦前の時代状況の中で、かなり健闘したと思います。小林はマルクスから量子力学までよく読んでいて、あの『アシルと亀の子』や未完の『感想』はまだ超えられていないのではないでしょうか。ただアランの紹介において、もうひとつのラジカルな革命の実践者の側面を伝えてはいないにしても。

それでも私はその後の東大の仏文の人たちのトータルな仕事よりも、小林秀雄一人の仕事にひかれますね。

11　キディランド入社

――少し脇道にそれてしまったので、話を元に戻しますと、大学を出てキディランドに入る。このあたりの事情と創業者橋立孝一郎との絡み、キディランドでの体験などを聞かせてくれませんか。まずはここから今泉さんの書店史が始まったわけですから。

その前にキディランドについて、簡略にふれておく必要があるので、二〇〇四年に刊行された『風　橋立孝一郎の軌跡』を参照し、述べておきます。これは橋立の十七回忌にあたってポプラ社から出された私家版の追悼集です。

橋立は一九二〇（大正九）年に東京の渋谷に生まれ、東京外語と明治大学を出て、主計将校となり、陸軍航空廠勤務で秩父分遣隊に派遣された。将校宿舎と指定された横瀬村の名家坂本家に起居し、それが縁で敗戦の年に坂本一族の娘と結婚し、秩父町に世帯を持つ。渋谷の実家は空襲で焼けてしまっていた。

一九四六（昭和二十一）年に消費組合的発想による書店「読書クラブ」を始めた。八坪に充たない店だったが、出版ブームも重なり、東京まで直接仕入れに出かけたりして、新興書店は現金仕入れと特別配送を武器とし、激増する需要に対応した。そして日配が解体し、新しい取次がスタートするまでの間に、実績をあげ、地盤を固めたのである。

岩波書店の『世界』、『リーダース・ダイジェスト』『文藝春秋』などは田舎の小書店では考えられないような販売部数を記録したという。そして橋立は書店経営に本腰を入れるようになり、それなりの哲学を持って新しい商人への道を歩き始めた。

一九五〇（昭和二十五）年に原宿におもちゃの店が売り出されているのを見つけ、これを購入し、戦後の復興経済の波にのり、近代小売業のノウハウを習得しつつ、書籍、玩具、ホビーの領域において、大形専門店チェーンの組織と運営のパターンを構築した。

さらに高度成長期に即応し、全国チェーンをめざし、一九七〇（昭和四十五）年段階ですでに玩具、ホビーの分野で全国を制覇するに至った。これはイトーヨーカ堂の伊藤やダイエーの中内たちとアメリカ視察にいき、ペガサスクラブに入会し、スーパー展開の手法を応用したのである。

ところが全国四十七店、年商三十億円となり、阪急三番街に紀伊國屋に先駆けて出店したキディランドは急成長のとがめ、中堅幹部不在の管理体制の未熟さなどから、玩具問屋などによって、一九七一（昭和四十六）年二月に会社更生法が申請され、橋立は社長の座を追われてしまった。

つまりこの渦中に今泉さんはキディランドに入ったわけですね。

今泉　面接が一九七〇（昭和四十五）年の八月だったと思うから、入社する以前の二月に会社が倒産したことになるわけです。新聞に載っていたのを見て、おいおい、勘弁してくれよという気になりましたよ。二月の時期に新卒の採用なんてものはないからね。

――それでは橋立との接点もそれほどないわけなのかしら。

今泉　入社試験のときだけです。私はどんな本に興味があるかと聞かれたので、ドストエフスキーのことを三十分くらいしゃべった記憶があります。橋立氏はあきれていましたね。入社したときには彼は秩父の読書クラブに戻っていたと思う。

――これは不謹慎かもしれないが、戦後の書店の風雲児橋立が退場して、新たな風雲児の今泉がデビューしたと見なすこともできる。

今泉　そんなことないですよ。

会社更生法を申請したから、もう倒産することはないし、一応給料は出るというので、しばらくいてみるかという気になりました。ただ本屋が不安定な職場であることだけは最初から肌で感じていて、それでいて入ると仲々抜け出せないことも。それから大宮（大宮市、現さいたま市大宮区）、関内（横浜市中区）、八重洲（東京都中央区）と三店を経験することになったのです。

12　組合と書店の仕事

――その一方で組合活動にも携わり、渋谷で事務所も立ち上げていますね。

今泉　管財人の弁護士も本屋のことなんか全然わかっていなかった。それに零細な店ばかりの業界だから、とりあえず借金を返してもらわないと困ってしまう。それで社員にまでしわ寄せがきて、組合問題になってしまったんです。経営側には東大出の弁護士もいて、結構な策士でしたよ。

だから組合がのんびりしていると、まったく歯がたたないのです。それで私も「おまえら何をやっているんだ」みたいなことを言ってしまい、すぐに組合に入り、最後には執行委員までやらされてしまうことになったわけです。

――それが原宿のデモなどにつながり、書店業界におけるキディランド労組が名高くなり、その余波が他の書店にまで及び、組合設立といった動きにつながっていったのでしょう。

今泉　時には団体交渉を徹夜してまでやりました。

会社更生法適用中で、それを仕組んだ連中は絶対に前に出てこない。それで学生運動の延長じゃないけれど、お遊びのニュアンスも含めて色々やってみました。原宿表参道のデモもそうだったし、ジグザグデモ、机をたたいての要求貫徹、バリケードを作らんばかりのストライキもそうでしたね。ただあんまり先走って、社員が職を失うはめになることだけは避ける方針をとっていました。それに店も売れていましたから。

――梅田店では玩具がものすごく売れていて、出店の先見の明が当たっていたようですね。

今泉　それに本では千葉の店もよく売れていましたよ。

――そんな中で今泉さんは書店員としての道を歩み始めた。

今泉　これも幸いなことに弁護士もキディランドのような商売の管財人の経験はなく、まったくわからず、決算で黒字になっていればいいということでした。要するに急拡大路線に伴う黒字倒産の典型で、キャッシュフローができていなかったのですよ。

ただ店によっては厳しいところもあった。関内店なんかはアルバイトの学生が好き放題にやっているとお客から思われるほどユニークな品揃えをしていました。スタッフも個性的で楽しかったですね。私が移ってまずフェアなどをやりました。タイトルは「埋もれた現代の名著――読んでおくべき「知」の源泉あるいは結論を急がない人のために――」で、棚を人間・歴史と社会と芸術、自然などの五つの分野に分けた。この時の棚作りが自分の原型で、すでにキディランドで実践していたことになるのかもしれない。ブックリストも作ったりもしました。当時としては先駆的だったんじゃないかな。

――キディランドは会社更生法下にあったわけですが、そのような中で自由に本の仕入れができたということですか。

13 「今泉棚」の始まりと学参

今泉 それは前に言ったように、弁護士が本の販売のことをまったくわかっていないし、売上が伸びれば、それでよしということもあったから、自分で全部発注することができたのです。もちろん在庫管理は必要でしたが。

―― つまりその頃には「今泉棚」の最初のコンセプトが確立していたと考えていい。浪人と大学時代の六年間で、本の見取図は頭に入っていたわけだから、それをいかに棚に反映させ、売るかという段階を迎え、それを大宮や横浜の店で実践してきたのですね。

今泉 今になって思えば、書店現場にそのような「遊び」を可能にする余裕がまだあったことも大きい。だから六年間の蓄積がそのままつながっていったんですよ。

本に関してはその六年間で鍛えたわけだから、人文・文学・芸術・科学の分野のみならず、それらにまつわる雑学も身についていた。神田神保町にもいつも行っていたから、どの店のどこの棚にどの本があるかもおおよそわかっていたし、出版社のことも大体わかっていましたね。

でも私の場合、そこからは始めていないんですよ。それは最初に配属されたのが学参売場だったからです。

―― それは初めて聞く話だ。最初の大宮店でということですか。

今泉 そう、ところが学参に関しては、わからないから、売場にいてもお客さんに説明できない。担当者がいるにもかかわらず、別にいるレジ係がスリップデータをとり、これは何冊売れましたというだけの対応をしていた。これでは駄目だと思って、そこで店長に「参考書類を貸して下さい」と頼んで、持って帰って勉強したわけです。

例えば、教科書準拠版の問題集、小学校のドリルやホームテストの場合、準拠版にはどういう問題がいくつ出て、回答の説明はどうなのかを研究しましたよ。その時思ったのは担当者として学参について、自分がお客さんに説明できなかったら、私には価値がないということです。また売場にいてよくわかったのは親たちも自分で選べないから困っていたことです。

新学期シーズンには参考書だけでなく、辞典も多くが平積みになっていて、三省堂でも小学館でも学研でも何でも揃っている。ところが親たちもどれを選んでよいかわからないので、「どれがいいですか」と聞いてくる。しかし最初の頃は自分で納得できる辞書を勧められなかった。

それで辞書のことも勉強しました。そうしたら、たまたま文英堂の辞書（『小学国語辞典』）の監修者が時枝誠記であることを発見した。私は時枝の『国語学原論』（岩波書店）なんかを読んでいたから、三省堂の金田一京助のもの（『新明解国語辞典』）より、絶対にこっちのほうがいいと思った。説明が平明でしたから。

時枝さんはソシュールも読んでいるし、また吉本さんや三浦つとむさんも時枝を読んでいる。それで勧めるんだったら文英堂の辞書にしようと思ったりしました。自分なりに納得できたからです。

そういうふうに学参売場担当者として、店頭に立ったら、学参、辞書に関して、お客さんに説明できるだけの商品知識を自分で身につけなければ、プロじゃないと思い、そういうことをずっとやってきましたね。単なる売上データの分析だけでなく、どの売場においても、商品知識の充実がまず先にありきだと思うようになったのです。

具体的に言えば、データ分析に加えて、ＫｅｙＷｏｒｄ、ＫｅｙＢｏｏｋ、ＫｅｙＰｅｒｓｏｎを見極め、「流行と不易」を実践することです。

――それはすごいことだと思う。学参売場に配置されたのは偶然だとしても、学参や辞書から始めたというのは仲々できることではないと思う。当時の学参や辞書は内容を問わず、量だけで売れ、それだけでよしとするムードに包まれていたから。

今泉　あの頃の新学期は本屋としても最も忙しい時期だったし、とにかく客で混み合っていましたね。

――今では誰も言わないけれど、まだ旺文社が全盛で、「傾向と対策」シリーズなんかは配本をめぐって奪い合いだったような記憶がある。学参の時代だったんだなとあらためて思います。

今泉　お客さんは学参や辞書を束にして、多量に持ってくるわけです。それで列をなして並んでいる。だからレジは打ちっぱなしで、がんがん打つものだから、煙が出たこともあったりもしましたね。

本当に信じられないような気もしますが、当時のある程度の大型書店ではどこでも見られた光景でしたよ。

学参の時代で思い出したけど、小西甚一さんの『古文研究法』（洛陽社）があって、これなんかも二百冊くらい売ったかな。小西さんは国文学者としても優れた著作を残していて、その代表作『日本文学史』は講談社学術文庫にも入っていますね。今度ちくま学芸文庫から『古文の読解』も出されたようだけれど。

――前者は私も受験勉強で使いましたよ。後になって聞くと、名著として有名なようで、文庫として刊行されることになったのでしょう。

他にも学参時代の名著というのは多々あると思われるし、小西の著書のように再刊されると、もうひとつの出版社が浮かび上がってくるかもしれない。かつて『受験参考書の愉楽』（創林社）という本が出たこともありますし。

学参の経験は大宮店でのことでしたが、キディランドは会社更生法下にあっても、書店部門もそれなりに順調で、今泉さんも大宮の後、八重洲店に移り、そして横浜も担当することになる。

今泉　撤退したところもあったけど、千葉とか横浜の大型店はそのまま残っていて、原宿も健在で四十店舗体制は続いていたと思います。

14　キディランド書店人脈

――そこでお聞きしたいのはキディランドの書店としての人脈のことです。私が知っているのはわずか数人で、それもただ面識があるといった程度です。しかしキディランドを基点とする書店人脈も確実に存在していると思われますし、それがリブロへとつながっていく。こちらもはなはだ興味深いので、語って頂けませんか。

実は会ったことはないのですが、「葉っぱのブログ」（http://d.hatena.ne.jp/kuriyamakouji/）をやっている栗山光司という人がいて、以前から私の本の書評やブログに対するコメントを寄せてくれていた。

そこで返信したところ、自分は元キディランドにいて、同じ店で働いたことはないけれど、あなたと同僚だったと書いてきた。彼は大病を経て、キディランドを退職した後も、書店も含めた出版業界の中でずっと働いてきたようなんです。もちろんその詳細は確かめていませんが。

今泉　栗山さんは私よりも何期か上で、横浜関内店にいたんじゃないかな。

―― その栗山さんからあなたに続いて、田口久美子や丸山猛の名前が出されたことから、あらためてキディランドの書店人脈というのが存在するんだと思った。これは後でふれますが、そこには私の個人的人脈も絡んでもいます。

今泉 栗山さんのことで思い出すのは筑摩書房の田中達治の早過ぎた死ですね。栗山さんも田中君と同じ癌だったが、幸運にも生還した。それなのに田中君はあっけなく死んでしまった。彼のことは残念だった。親しい友人でしたから。

―― それは実感します。また田中達治の早死は出版業界のドラスチックな転換を象徴するような感もあるし、今泉さんの書店での仕事をバックアップしていたのも彼のような出版社の営業部員だったことは間違いない。

私の勝手な意見を述べれば、今泉さんたちのようなキディランドの書店人脈と田中さんに代表される中堅の人文系出版社の営業がしっかりとつながることで、それまでになかった人文書をめぐる共同体のようなものが創出され、それが後のリブロ全盛時代に結びついたと。

でも田中さんの早死と今泉さんの書店からの退場はそのような人文書をめぐる共同体の消滅を告げているようにも思われるのです。それに田中さんばかりでなく、私たちが知っている出版社の編集者や営業部員もほとんど姿を消してしまっている。だから疑似的なものだったにしても、人文書をめぐる共同体の形成される過程をキディランド人脈の中に見ていいのではないか。

その中でもまだ現役を張っているジュンク堂の田口久美子さんのことからうかがってみましょう。彼女は『書店風雲録』（本の雑誌社）において、キディランド時代も語っていますが、栗山さんの話だと、彼女は最初社長室勤務ということで入ったということです。

今泉　その後、私のいた八重洲店にきたんです。

――彼女は七三年入社だから、あなたより二期下になるのかな。彼女の回想によれば、キディランド八重洲店は東京駅から丸善に向かう道沿いにあり、三十坪ほどの繁盛していた店で、七六年まで雑誌担当を務めていた。

雑誌売場は五坪足らずだったが、売上の二、三〇％を占め、書籍は学参、専門書を除く他の分野の縮小版で、雑誌担当として記憶に残っているのは『文藝春秋』の「田中角栄研究」掲載号のすさまじい売れ行きで、あっという間に百に近い数が売り切れてしまったそうです。

あなたと一緒に働いていたことは書かれていないけれども、店長だった人のことにはふれている。彼女は七六年にリブロに移り、次にジュンク堂に入る。するとその人がジュンク堂に応募してきて、直接顔が見られなかったと。

そのようなエピソードはともかく、栗山、田口さんの他にも様々な人たちがキディランドに今泉さんの相前後に入社していた。その中の一人の丸山猛さんを私は知っているわけです。ただキディランド時代ではなく、彼が清水の西友の書籍売場にいた頃ですから、八〇年前後だと思う。

今泉　丸山はICUの出身で、私の一期下ですね。丸山もかなりの本読みで、社員としては抜きん出ていたと思う。でも彼の論理と私の論理は多少違っていて、一緒に仕事をしたことがないし、同じ店舗で働いたこともなかった。

ただ奇妙な関係というか、実はうちの奥さんが丸山の下でアルバイトしていた。彼が横浜の桜木町店にいた時に。それから丸山の奥さんというのが私の部下だったりもしました。

そんなこともあって、丸山は組合運動には関係しなかったけど、私と仲はよかった。要するに彼も風変わりだったから、論理は異なっても、ウマが合い、話もわかったんです。

その一方で会社も立ち直り、組合活動をやったことで、居場所がなくなりつつあった。それに私は元々出世するとか、偉くなろうとするとかいう意識がないから、キディランドも潮時じゃないかと思い始めてきました。

それは丸山も田口も同じだったんじゃないかな。もちろん別々に選択したのだけれど、七六年に田口がまず西武に移り、その関係もあって七七年に私も西友に入社する。丸山も西友に入ることになるのですが、それは一緒ではなかったですね。

第Ⅱ部

15　キディランド、リブロ、古本屋

――丸山さんは私の友人の川口秀彦と二人で、西友の募集に応じたらしい。川口さんというのは私の学生時代からの友人で、当時は薔薇十字社の社員だった。

その倒産の後、四谷の文鳥堂書店に勤めていた。どのような経緯があって知り合ったのかは聞いていないが、あなたの西友入りとそれほど間を置かず、西友の社員募集の面接を受けた。それで地方勤務ができるかどうかで、丸山さんのほうが入社することになった。

今泉　私もそうですよ、地方勤務のことは。でも子供が生まれたばかりだったので、地方勤務手当ては有難かった。

――ところがご存知のように丸山さんのほうの話はこれからで、私は彼の清水の西友時代に知り合った。その当時、静岡県内の西友は地場の古本業者とタイアップし、盛んに古書市を各店で開催していた。そのことを通じて、彼はその古本業者とかなり親しくなり、古本のノウハウを身につけ、タイアップしたんだと思う。

それで西友を辞めて、古本屋に転身する。しかもそれはただの古本屋ではなくて、「自由フォーラム」という総称で、いくつもの古本屋を展開していく。
それに参加していたのが須賀敦子で、彼女が以前に関わっていたエマウス運動と重なる意味を持つ古本屋運動ともいえる。このことについて、私は自分のブログ『出版・読書メモランダム』（http://d.hatena.ne.jp/OdaMitsuo/）で「丸山猛と須賀敦子」という一文を書いているので、詳細はそちらを参照してほしい。

今泉　丸山はアナーキーなくせにコミューンが好きなんですよ。それも人をたきつけるような。やはり谷川雁的なんだな。だから西友と合わなかったと思う。

——あなたが丸山さんと論理が合わないと言ったのは、自分は埴谷と吉本によっているが、丸山は谷川の立場にあるとわかっていたからですね。

今泉　そうかもしれない。丸山の古本屋コミューンも今はどうなっているのかな。

——その現在はともかく、丸山さんの古本屋への転身は周囲に大きな影響を及ぼしたと考えられる。あなたも丸山さんの関係で知り合ったのでしょうか、先に挙げた川口さんも「りぶる・りべろ」という古本屋になってしまい、横浜、吉祥寺を経て、神田の神保町に店を構えている。
それに今泉さんがプロデュースした平安堂の古本売場出品者の四店のうちの一軒だし、

その他の二店の書肆マルドロールと書肆砂の書はリブロの出身者です。それに先頃亡くなってしまったけれど、上野文庫を開いていた中川道弘もリブロの社員だった。

だからキディランド、リブロ、古本屋という一連の流れは丸山さんの影響もあって形成されたのかもしれないし、ここにもうひとつの書店史を見ることができる。今泉さんの平安堂でのこのような企画も含めて……。

今泉　まあ確かに新刊書店と古本屋がそのような流れの中でつながったことは事実ですが、古書業界の構造というものは一筋縄ではいかないし、単なるリサイクル、リユースではなく、リバリューも含めた地平をめざすことは難しい。

そこら辺に神田神保町だけが持っている古書業界の核心があると思っています。だからこの頃は新刊書店の大半が古本併売に向かっているような趨勢にあるけれど、ほとんどは中途半端なものに終わってしまうんじゃないかな。

16　書店員の移動

――先述のキディランドの元店長のジュンク堂への応募の話に戻らせて下さい。田口さんがジュンク堂に移るのは九七年だから、その後の話だと考えていい。

これは全貌が明らかになっていないが、キディランドに今泉さんたちがかなりまとまって入社したように、七〇年代にこれまでと異なる学生運動あがりの人材が書店に入り、それらの人々が八〇年代から九〇年代にかけて、大量に移動したと思われます。

もちろん代表的なのは今泉さんたちだったでしょうが、その他にも多くの人々が同様の道をたどった。例えば、郊外型チェーンを展開した文教堂や都市型大書店をめざしたジュンク堂などには様々な人たちが流れこんだ。そしてその人たちの行方がどうなったのか、それを知りたいとも思います。

七〇年代に吉祥寺の弘栄堂にいて、シュルレアリスムのフェアをやって、書店員として名をはせた鈴木邦夫がジュンク堂にいると聞いて、驚いたことがあるからです。

今泉　彼のことは、よく知っていますよ。池袋店で一緒だった時もありましたから。でもその全貌をつかむのは難しいでしょう。私も含めてそれらの人たちの散り方は多岐にわたっている。さすがに取次に転職したのはいないと思うけど、他の書店、出版社、その営業代行会社に移った連中もかなりいますから。

ただ苦労しているという話のほうが多いし、いい話はあまり伝わってこないですね。それに私の場合も煥乎堂、平安堂と移ったけど、文教堂のような郊外型チェーンの例をまったく知らないから。

――なぜこの話を持ち出したかというと、今泉さんへのインタビューであるから、まずはキディランドからリブロまでの時代にしぼりたい、できるだけ私は聞き役に回らなければならないことは承知していても、これだけはぜひ聞いてみたいと思っていたからです。これらの人々の大量の移動は新たな郊外店や大型店が八〇年代になってから活発に出店したことによっていますが、これは出店というハードの変革だった。

しかしこの出店と人材の移動はミスマッチで、新しい書店員の時代を迎えていたわけだから、再販委託制に基づく近代出版流通システムの改革に取り組むべきではなかったかという思いが頭から去らないのです。すなわちハードではなく、ソフトの改革であり、それがなされなかったゆえに、現在の深刻な出版危機を迎えてしまったと判断している。

七〇年代までの出版業界を形成する出版社・取次・書店の関係は上意下達的であり、再販委託制もその中で生まれてきたシステムだった。またそれは書店という販売現場において、プロの書店員が育っておらず、少なかったゆえに、それらをフォローする意味も含め、再販委託制があった。

ところが八〇年代になって、それまでと異なり、新たな多くの人材が登場するに至った。それが今泉さんたちに象徴的です。

17 低正味買切制への移行の可能性

これがなぜ象徴的かといえば、出版社と取次はほとんど変わっていないが、書店という販売現場だけは大きな変化を遂げていたことを意味している。だからこの時代こそソフトの変革が可能だった。

長くなってしまってはいけないので、端的に結論を述べれば、書店主導による再販制廃止、低正味買切制へ移行すべきだったと思う。またそうしなければ、利益率も上がらず、書店は正常なビジネスと目されかねない業種になっていくばかりだった。

今泉 その問題は終わりのところで言うつもりだったけど、ここで少しばかりふれておきましょう。キディランド時代はともかく、リブロを経て、書店は衰退ビジネスでしかないという結論に達せざるをえなかった。純益率が一％を切ると言ったら、ほとんど米屋さんと変わらない。これでどうしてやっていけるんだというマージン体系でしかないですから。

再販制下では粗利益が二〇％そこそこで、そこから家賃と人件費を計算する。そうすると社員の給料は安く抑えるしかない。それでいて重労働です。楽なビジネスとはいえず、本質的に家内ビジネスからいつまでたっても脱却できないコスト構造になっている。書籍販売は利益が上がらない。つまり資本蓄積ができないんです。

そのためにチェーン化するんだったら、物流も集約連携的で、回転率と利益率が高い雑誌かコミックの比重を高くするしかない。それでも従業員にそれなりの待遇ができない。

――しかしそれも雑誌とコミックが成長しているうちはいいけれど、今のような状態になってしまうと、手の打ちようがない状態に追いやられる。

今泉　そう、それが大手出版社のみならず、書店経営の凋落を告げていることになる。さらに電子書籍とリーダーの出現もあり、おそらく出版社・書店の夜明けはこないでしょう。

――それで話を戻すと、一九八〇年代にそのような構造を抜本的に変革するために、再販制を外し、低正味買切制に持ちこむ態勢が書店現場において整っていたと見ています。書籍の場合、七〇年代後半から低成長期に入り、売上も伸びなくなっていた。そのためにこの時期から出版点数が増え始めていくのだが、これは質ではなく量への転換であり、それは書店の大型化と郊外店の出店とパラレルだった。

本来であれば、すでに行き詰まっていた近代流通システムとしての再販委託制から新たな現代出版流通システムへと移行すべきだったのに、出版社の新刊バブルと書店の出店バブルの中で問題が先送りされてしまった。そのツケが今になって出版業界の隅々まで根を降ろし、取り返しがつかないような事態になっている。

18 八〇年代の出版業界の構造

今泉 それはリブロの社長だった小川道明さんも憂慮していましたね。

―― 小川さんの名前も出ましたので、彼の著書である『棚の思想』(影書房)の中の言葉によって、そのことを語らせてみます。次の発言はいずれも八〇年代初めのもので、いくつもの大手出版社の経営危機説が流れ、新再販、非再販問題が論議に上がっていた頃です。

周知のように、委託制度の恩典で、小売は売れなければ返せば事が足りる。しかし版元は、どこに返したらよいのか、売れなくても用紙も印税も刷っただけツケが廻ってくるのである。このことは出版業界を構成する三者が、本当に真面目に、それぞれの立場を相互に理解し、腹蔵なく問題点を出しあって解決しなければ、既成概念の出版業界は崩壊してしまう懸念すらある。版元が危機で、小売店だけが年率二〇％も増大していくというのは、まさに異常な事態なのである。

いったい出版界に構造的な不況を招いた原因はどこにあるのか。この辺で本当に業界挙げて反省しないと来年は今年に輪をかけた状況を招来しかねない。（中略）いままで何度も指摘したように、企画を大事に練り、時間をかけて内容の濃い出版物をつくり、長くじっくり販売する、という基本が失われたことにあるのだ。他社の成功した企画をイージーに追いかけ、対談などで手軽な本づくりに走る。雑誌も書籍も競争のレベルが、どんどん低次元に落ちていく。ある雑誌の袋とじページ企画など見ると本当に複雑な気持ちに襲われるのだ。

小川道明は書店としてのリブロと出版社としてのリブロポートの社長を兼ねていたこともあり、書店と出版社の複合的視点で八〇年代状況を語っていますが、この時点ですでに現在に至るまでの問題点が出されていると思われます。

今泉 これらのことはいつも小川さんが言っていましたね。結局のところ、書店はいくら売上高を増やしても、マージン体系は変わらない。それにリブロの売上の伸びもいずれは止まってしまうことは明らかだから、書籍の販売シェアが極めて高いリブロの場合、再販委託制と異なる方向性を模索していたことは確かです。

―― これはどこまで本当なのかわかりませんが、太洋社、もしくは鈴木書店を買収して、リブロ独自の取次とし、流通を変えられないかという構想もあったと聞いています。

今泉 それは小川さんと中村文孝の間で持ち上がった話かもしれない。そこら辺は中村のほうが詳しいから、彼に聞いてみたほうがいいでしょう。

確かに八〇年代のリブロには堤清二とセゾングループを背景にして、様々な人脈とバブルの時代が重なり合っていたから、色々な可能性が秘められ、語ることもできたことも事実です。もちろん再販が外れ、時限再販、低正味買切制であっても、あの時代であれば、いかようにも取り組めたし、それなりの実績を上げることも可能だった。

しかし出版業界は再販護持一辺倒で、それでいて責任者不在という無責任構造だから、実際の変革へと踏み出すことはできなかった。バブルの時代の勢いはあったにしても、それが八〇年代の限界だったかもしれないですね。

――私は当時のリブロの人材からすれば、どのような流通販売の変化であれ、それに対応でき、その新しい方向性を切り開くことができたと、今でも思っているので、本当に残念でならないという気がする。

19　小川道明が語る「今泉棚」

――それに小川も『棚の思想』の中で、あなたのことにも何度もふれている。その部分を引いてみます。一九八六年の記述です。ちょっと長くなりますが、「今泉棚」が小川の目から描かれているので、省略せずに紹介しておきましょう。

お読みになった方も多いかと思うが、『文藝春秋』本年六月号の「文春ブッククラブ」欄に「お固い専門書の売り上げを飛躍的に伸ばした書店」として当社の池袋ブックセンターが取り上げられ、専門書担当の今泉正光君の創る〝今泉棚〟が紹介されている。いってみれば棚づくりこそ書店における情報発信の原点であるという思想をつらぬいたサクセス・ストーリーで、現代思想を例にとっても通常の分野別分類だと思想系列の異なる著者が順不同に並んでしまうわけだが、今泉棚では著者別にしてあるのが特徴で、思想系列の異なる学者の本はハッキリ分け、影響を受けた著者同士をまとめて順に並べてある。簡単にいえば一つの棚で特定の学問分野の人間関係図が見てとれ、その学問分野の現在のありようがだいたい分かるようになっている。そのためには本人の人文思想に対する深い造詣と来店する学者・評論家・教授などとの恐れを知らぬ対話から生まれるわけで、毎年軽く二ケタ台の成長をとげているのは事実その通りである。筆者の阪東真澄氏は今泉棚を信奉する常連客が四〇人以上いる、と書いており、灯台もと暗しで私は知らなかったが、池袋のブックセンターが美術書や詩や演劇のショップとともに人文書に脚光があてられていることも事実で、人文科学についてホットな状況を知りたければ池袋に来て棚を見てください、といえるのはまさに私のいうポジティブな情報発信なのである。

少し時代が飛んでしまいましたが、これは書店リブロの経営者として、その棚づくり、売上状況に対し、率直な喜びを外部に表明している好例だと思う。

この発言から十年後の九五年に、小川はリブロを去るにあたって、自分の唯一の功績は今泉と中村文孝と田口久美子の三人を使ったことだと語ったそうですが、ここに引いた小川の発言はそのリブロの最盛期のものとして、書店史に記憶されてしかるべきでしょう。

さてここに至るまでの今泉さんの経緯に話を戻します。

20　キディランドから西友へ

今泉　キディランドで労働組合をやってしまったわけだから、もう完全に会社にはいられないところまできていた。組合員たちもどんどん切り崩されていましたから。それでこちらから辞表を出した。

そうしたら、人事部がきて、「どうして辞めるんだ」と一応は止めるふりをしたけど、「いや、もうやるべきことはやったし、もっと勉強もしたい」と私は言って、辞めてしまったんです。

――それは何年でしたか。

今泉 七七年だったと思う。

――キディランドに入ったのが一九七一年だから、足かけ七年ということになる。これがあなたにとって、書店史におけるホップ、ステップ、ジャンプにわければ、ホップの段階だと見なせますね。

今泉 もちろんそうだけど、私にとって決定的なのはその前の浪人と大学の六年間ですよ。浪人、大学というのはたてまえで、要するに本ばかり読んでプー太郎をしていたわけで、その脱落が私の本屋としての経験に結果として一番大きかったと思います。

それから友達との議論ですね。議論するために遠征までしていたから。宗教団体ともよくやり合った。

例えば、創価学会もそうです。松戸に住んでいた友達が折伏にあって困っていて、それで私が出ていくと、そこには学生部が応援にきていて、四、五十人いるんですよ。彼らに対して、私は一人だ。そして『折伏教典』に書いてあるような生命論の話になった。話の中心のオパーリンは私も読んでいたから、ふざけたことを言うなよと反論し、論争になった。すると応援が指導部に移り、さらなる論争となった。全員を敵に回してやるわけですよ。

原理研究会とも御茶ノ水駅前で論争したこともありましたね。それもぶっ続けに六時間も。我ながら勢いもあったし、時代も時代だったから。それで随分鍛えられたし、根性も鍛えられました。これらのことが百貨店に入ってからの対出版社や社内での討論にとても役に立ったと思います。

――それはよくわかります。そのような時期がホップとしてのキディランド前段階に置かれ、あなたのステップとしての西友時代が始まっていく。移籍の経緯はどうなっていたのでしょうか。

今泉　私よりも早く田口がキディランドを辞め、七六年に西武に入っていた。それで彼女から「キディランドを辞めるんだったら、西武にきたらどうか」と誘われた。じゃあ、挨拶でもしてくるかと思って行ってみたら、小川さんがいて、すぐに面接になってしまったというわけです。

――田口さんの場合、中村さんが池袋のコヤマという出版業界の人たちがよく使う喫茶店で昼休みに面接し、それで決まったと聞いていますが、あなたは小川さん直々だったんですね。

今泉　そうしたら、小川さんから「君、西武と西友のどっちがいいの」と聞かれた。だから私も「給料はどっちが高いんでしょうか」と。

あの時は西武のほうが給料は高かった。だけど西友の方はちょうど店を造ったばかりだったし、人もほしかったこともあり、地方に行くと赴任手当がついて、トータルで西武よりも割増しになった。あの当時、確か十七、八万になったのかな。

―― 前に丸山さんが清水の西友に配置された条件と同じわけだ。

21 西友前橋店へ

今泉 それで西友の前橋店に行ったのです。

―― なるほど、ここで少しリブロとなる以前の状況を示しておきます。それでないと、組織図というか、八〇年代リブロに至るまでの事情がよくわかりませんから。

一九七五年に堤清二の引きで、小川道明が西友に入社し、翌年に西武百貨店に移る。小川は西友ストアーの広報室長の席にあったが、堤の西武百貨店池袋店に三百坪の書籍売場をという要請を受け、移籍したことになる。

しかし小川も理論社や合同出版の編集者だった経験があるにしても、池袋は当時、芳林堂、旭屋、三省堂、新栄堂があり、すでに東京一の書店激戦地で、百貨店の十一階に書籍売場を設けても、客が上がってくるだろうかというのは偽らざる心配で、引き受ける返事をしたのは一週間後だったといいます。

この三百坪の書籍売場の開店事情もとても興味深いけれども、こちらは別の機会にゆずることにします。創立時から十年間は西武ブックセンターの通称で、小川の立場はずっと西武百貨店書籍部部長というものだった。そして西武百貨店や西友の地方出店に合わせて、書籍売場が設けられ、それを小川が仕切る立場にあった。

このような事情があって、前橋の西友にも書籍売場が設けられた。その中でも小川は西友の小さな書籍売場でも、三人の社員を置くことにこだわっていたので、人材リクルートにも熱心だった。

それで今泉さんも前橋へと赴くことになった。

今泉　そういうことで、地方に行けば家賃も安いし、生活も楽だと思いました。それに週休二日だったから。感動しましたよ。

ところが前橋へ行ったら、店の総務部長がいきなりやってきて、「君が今泉君か、組合に連絡してくれ」と言ってきました。すでに全部調べていて、キディランドでの前歴もわかっていたらしい。私が組合に顔を出すと、西友の執行委員がたまたま来ていて、「あなたが今泉さんですか」ということで、すべて情報が流れているんだと悟ったんです。

――でも組合運動はしなかったのでしょう。

今泉 もういいだろうと思っていました。キディランドでそれなりに働いたにもかかわらず、組合に携わって負け、結局のところ退社することになるわけだから、またやるかという気になれなかった。それに西友の場合、ある意味で御用組合だし、エリート集団で、組合は出世のための道具だという認識もありましたから。

――まったくよくある企業内組合という類の。

今泉 だから私なんか行く必要はない。西武グループの中心にいるアパレル関係の人たちが幅をきかせている世界でしたから。

22　前橋での文化運動と古本屋

――でも別の意味での文化運動というか、そういうものを前橋でやった。

今泉 まず前提として、前橋には煥乎堂という地元の大書店があることを考えなければならなかったですね。当時の地方の老舗の大書店の名望と外商を含めた販売力は強力なもので、売場面積も含めて、総合的に勝つことはできないとわかっていました。実際に売場面積は倍以上あったのですから。

それにキディランドの大宮店で試みた学参や辞書の分野においても、煥乎堂は小中高の教科書と学参、辞書をセットで押さえているわけだから、こちらの手も使えない。やはり自分の得意な人文書で勝負するしかないと結論づけました。

――それで何から手をつけたわけですか。

今泉　まず何をやったかといったら、図書館で一体どのようなものが借りられているのかを徹底的に調べた。それと同時に図書館の人たち、及び図書館絡みで開かれている研究会とか文化的催事も大体つかんでいったんです。

もうひとつは古本屋を調べることでした。これは七〇年代の大学のある地方都市に共通していたことですけど、古本屋がとても充実し、郷土史の出版なども手がけていたところもあり、新刊書店とは異なる文化的トポスを形成していたんですよ。

それは前橋も例外ではなく、すごい品揃えをしている店を見つけました。これはすごい店だと棚を見て一発でわかりました。十二、三店ある中で、群を抜いていましたから。

――そのような古本屋の配置が地場の老舗書店と並んで、地方都市の文化のレベルを物語っていた時代が確かにありましたね。その店の名前は何というのですか。

今泉　みづの書店といいます。

立地は駅前からかなり外れていたけれど、水野さんという人が店主で、この人がすごい教養の持ち主だった。すごい品揃えと店主の人柄もあって、地域の文化人、知識人、群馬大学の教授なんかもたくさん集まっていました。

水野さんは好人物で、大正の教養主義の良い所を体現していましたね。膨大に本を読んでいて、学者でも勝てないぐらいだった。この人から私は様々な世界を教えてもらったんです。

23　街頭のアカデミー

――その話を聞くと、山口昌男が『内田魯庵山脈』（晶文社）の中で描いている「集古」を中心にした街頭のアカデミー人脈を思い出します。彼らの中には必ずといっていいほど古本屋が重要な地位を占めていた。

これは戦前の話ですが、みづの書店のような古本屋が地方にまだあって、街頭のアカデミーが続いていたことを教えてくれる。おそらく七〇年代まではそのような古本屋が全国各地にあったんじゃないかな。

これは『出版状況クロニクル』で書いたことだが、鶴岡にも阿部久書店という五代にわたる新刊も兼ねた古本屋もあって、やはりみづの書店のようなトポスであり続けているようです。とりわけ古本の在庫は郷土史を始めとしてとんでもなく充実し、藤沢周平もここで庄内藩資料を買っていたらしい。

今泉 みづの書店も同様で、店に出ている他に裏の倉庫に膨大な在庫があって、そこにもいい本が詰まっていました。水野さんは私をそこに自由に入らせて、本も読ませてくれ、色々のことを教えてくれました。日本の歴史・宗教、柳田・折口等の民俗学、文化人類学などの他に専門雑誌の蓄積もすごかった。それで私は様々な時代の文化史に目覚めたんです。

―― それが後のリブロのフェアや棚作りに生きていくことになる。

今泉 それだけじゃなくて、みづの書店の人脈ネットワークと前橋西武の書籍売場を結びつけられるのではないかと思いました。

さっき言ったように売場面積は百三十坪ほどで、煥乎堂の比ではない。それに向こうは外商も三十人ぐらいはいるわけだから、学参、辞書だったらかなうはずもない。でも人文書の品揃えは大したことはない。これではとてもみづの書店に集まっている文化人や知識人を満足させる品揃えにはなっていないように見えた。この分野で勝負すべきだと思ったんです。

だから、みづの書店の人脈ネットワークに入りこんだというか、つかんでいった。古本や新刊の話や紹介をお互いにしたりすることで。そうなると、煥乎堂とは異なる客層が見えてきたんです。

―― つまり今泉さんによって新たに発見された読者たちが客層として集まってきた。

今泉 彼らが「前橋西武の書籍売場に今泉という面白い奴がいるから行ってみろ」と口コミで宣伝してくれるようになった。その人たちは私目当てでくるわけだから、こちらもいつでも話ができるような対応を心がけていましたね。

それで私の個人客が百人、二百人と次々に増えていった。地方だから三百人も個人客をつかんだら、もう怖いものなしです。彼らは月々二、三万円ぐらいは本を買う人たちだったし、その周辺にも似たような人たちがいるから、本当に芋づる式に客層が広がっていきました。そんなこともあり、売上は毎月ずっと伸び続けましたね。

24　様々なイベント企画、読書会

――それに加えて様々なイベントなども企画したと聞いていますが。

今泉　シンポジウムとか講演会も自ら仕掛けました。自由民権のシンポジウムの場合、高校や中学の歴史や社会科の先生で、自由民権運動の関係の人たちや在野の研究者がいましたから、遠山茂樹さんを呼んで話を聞きました。

講演会だったら、テーマによっては自分が講師を務めたりもしましたよ。シンポジウムや講演会の目的は新刊や古本を問わず、もちろん本を売ることにありました。みづの書店と連動していたし、売るにあたって、私は古本にしかるべきコメントをつけて売っていたので、誰からもクレームはつかなかった。むしろ新刊と並べて古本の売り方をしたことで、認められるようになっていったのです。

――シンポジウムや講演会も様々なところから出席者や講師が呼ばれたようですね。

今泉　最初は群馬大学の教授、助教授、講師たちから始まり、早稲田大学の講師の人たちに至るまで広がって行きました。謝礼は安かったけれど、それでもきてくれた。社会学関連の人たちが多かったので、アルフレッド・シュッツ、ゴフマン、ミードなどの新しい世界を知りました。

——その他にも前橋で印象深かったことは。

今泉 前橋にはサークルが多かったことですね。様々な人脈をたどっていくと、本好きな人たちが集まって、読書会をやっていたりする。だからそこにも顔を出したりして、いろんな話を聞いていましたね。

——自称詩人とかも多かったんでしょう。萩原朔太郎を生んだ土地柄もあるから。

今泉 それよりもどういう理由なのか、若手の精神科医や県庁に勤める公務員が多かったですね。彼らがそれらしき本を読んでいて、同様の本を読む若い連中と読書会をやっていました。病理学のビンスワンガー・ミンコフスキーやヤスパースなどの読書会でした。

その他にも味のある文学青年が一人いて、彼からも文学的影響を受け、カフカには昔から傾倒していましたが、フランス文学を教えられた。それでモーリス・ブランショとかバタイユとか、ガストン・バシュラール、ジュルジュ・プーレ、ジャン・スタロバンスキー等西洋批評なんかも再発見できました。

あの時代の前橋特有のことだったかもしれないけれど、今では考えられない交流も生じていたのも事実です。

このように本を売り、シンポジウムや講演会といったイベントを企画し、本を読む様々な人たちとつきあい、私の前橋での六年間は過ぎていったわけです。

――ついでに聞きますけど、みづの書店と水野さんはどうなっているのですか。

今泉　水野さんはもう亡くなりました。本当にすごい人だったし、残念でなりません。当時の地方ではあのような人がいたというだけで、まったく異なる文化環境を演出することができましたから。それを考えると、感無量です。

でも水野さんは亡くなったけれど、娘さんが跡を継いでいます。彼女は古本屋をやりながら、俳人としても出てきている。金子兜太の弟子にあたる人です。

――そうですか、店は引き継がれたのですか。

今泉　古本屋をやりながら、俳句を詠んで、朝日新聞の地方版にエッセイ等を連載したり、全部とはいわないにしても、水野さんの周辺にあった人脈とかサークルは娘さんに引き継がれ、今でも文化的受け皿になっていると思います。

25　池袋店異動とその背景

――それはとてもいいことですね。ところで前橋に六年間いて、実際に売上を伸ばしたわけだから、それを認められて池袋へと呼ばれたのですか。

今泉　ところがそうとばかりは言えない。多少実績を上げていたから、私を販促に異動させる話があった。ですが私の人事権は小川さんが持っていて、その小川さんがＯＫしなかったのです。

その一方で、池袋店の専門書の売上が落ち始めていた。毎年のように担当の責任者を変えていたようですが、それでも売上は回復しなかったようです。

――なるほど、それで八二年になって、今泉さんが池袋店に移ることになった。当時の池袋店状況が記されているのを、『セゾンの歴史』（リブロポート）の中に見つけましたので、それを示しておいたほうが理解が深まるでしょう。

西武百貨店が、顧客の知的関心に応えようとした試みの一つが、一九七九年一一月にオープンしたクリエィティブフォーラム館であった。それは本館の八～一二階、一八九〇坪の売場に、書籍のブックセンター・リブロが拡充され、レコード、ビデオディスクなど音響商品のディスクポート西武の売場は二倍になった。ブックセンター・リブロは、書籍点数四〇万冊という専門大店であり、さらに日本最大の美術書専門店アール・ヴィヴァンも置かれた。また、多目的ホールのスタジオ200も開設された。こうしたクリエィティブフォーラムはオープン後の業績が順調であり、一九八〇年三月～五月期をとると、その売上額は予算を五％超過し、前年同期比で二五％の伸びを記録したのである。

このような状況の中で、専門書を始めとして売上が落ちてきたら、大問題になることがよくわかる。古めかしい言い方でふさわしくないかもしれないが、それで今泉さんに白羽の矢が立てられた。

今泉　でもこれが問題でした。西友から百貨店に転籍したのは私が初めての例なんだそうです。

――西友と百貨店ではウエイトがちがうというか、格差があるということですね。

今泉　そうなんですよ。百貨店から西友に行くのはあるけど、西友から百貨店に行くのはそれまでなかった。西武の人達からは「何で西友からくるのか」と思われたし、面と向かって「めずらしいですね」なんて言われましたね。つまり私をバカにしていたようなものですよ。

――それは露骨な差別ですね。つまりその当時はまだ法人としてのリブロは成立しておらず、西武百貨店の書籍部長として小川道明がいて、西友の書籍売場もその管轄下にあった。だからスーパーとしての西友は西武百貨店の子会社のような存在、もしくはスーパーと百貨店の立場から考えれば、本国と植民地のような関係だったと考えればいいのかな。だからあなたの移籍、もしくは移譲もそのように見られたということになる。

今泉　最初は「西友上がり」がという意地の悪い冷たい目で見られていましたね。だから余計にやってやろうじゃないかと思ったことも事実ですよ。

――それは今泉さんばかりでなく、同じように他から「移籍」してきた小川道明、中村文孝、田口久美子さんたちも味わったものかもしれない。

傍目には西武資本の後押しもあって、百貨店やスーパーという好立地に恵まれ、順風満帆に成長してきたと考えられるリブロも百貨店内存在として、色々と異なる苦労を重ねてきたことがわかる。それは田口さんの『書店風雲録』にもよく現われているし、その鬼子的関係がリブロの時代の終焉にまでつながっていくことになるのでしょう。

今泉　そのベースには利益が上がらない書店ビジネスという問題が常につきまとっていたように思います。

26　リブロ前史

――それはまた後で取り上げることにして、今泉さんが池袋店に登場するまでの前史というか、アウトラインを百貨店との関係からも見ておきましょう。

七五年に堤清二の要請トに小川道明によって、書店激戦地である池袋の西武百貨店内に三百坪の書店が誕生した。そして全国各地の西武百貨店や西友の展開に合わせて次々に出店し、その間にリクルートされた今泉さんたちも地方に勤務することになった。

次に七九年になって、池袋店は西武の文化事業の主要部門として増床し、さらなる展開の場へと至った。これらが今泉さんの前橋での勤務とパラレルに起きていたことです。

他に付け加えることはありませんか。

今泉　大体アウトラインはそれでいいんじゃないかな。ただリブロの動きとは別に八重洲ブックセンターが七八年に開店し、書店の大型化の幕が切って落とされたという事実だけは覚えておく必要があるでしょうね。それをよく覚えているのは私がキディランドを辞め、西友に移った頃だったから。

――そう、この七〇年代後半から都心部の書店が大型化し、一方で地方から郊外店出店が始まっていく。その時代のとば口にリブロもスタートする。

その立ち上がりの事情について、小川の『棚の思想』や田口の『書店風雲録』などを参照し、ラフスケッチしておきます。それらの事実をつかんでおかないと、今泉さんに対する風当たりの強さと池袋店での最初の立場がよくわからないと思われるからです。

当時の西武百貨店は日本一の売場づくりを進めていたが、それでも簡単に採算が合うとは思えない書籍売場に対して、百貨店側は煙草よりも利益率が低いと冷淡で、小川も苦労したようだ。

今泉　それに当初は横浜の有隣堂の出店が決まっていたのに、堤清二の決断で急に直営でやる方針になったという事情が絡んでいると思う。そこら辺の話は後々まで繰り返し聞かされたから。

――それを見返すために、理想的で魅力的な本屋の条件として、可能な限り大規模な総合売場に専門書や常設ブックフェアを配置し、検索機能が優れ、書店員の能力が高く、顧客層の質問にも適切に対応できるレベルを維持するというものだった。

でもこれも百貨店の冷淡な扱いに対する小川なりの書店コンセプトで、それは今泉さんの場合も同じであり、その理念が引き継がれていたように映ります。

今泉　言われてみれば、確かに同じですね。でも小川さんは私よりもしたたかで、うまいところもあったから、根回しなんかもかなりしたんじゃないかな。

――それでも彼の苦労をいくつか挙げておきます。

新たな書籍売場のために集められたのは元の文化雑貨や書籍売場の社員を中心に、紳士服、食品などの様々な売場からの配置転換者たちで、百貨店の人間として他の能力は優れていても、本の話になるとまったくだめだったが、管理スタッフは西武百貨店たたき上げの社員で占められたこと。

出版業界もまた百貨店の書籍売場への不信もあって、西武百貨店の大型書店開店に冷淡で、工学書協会などが常備セットを出し渋ったこと。

芳林堂などへの配慮もあり、人文社会書の専門取次の鈴木書店が最初に口座を開いてくれなかったこと。

これらのことが立ち上がりのマイナス要因として、語られている。

今泉　鈴木書店と本格的な取引を始めるのは私が池袋にきてからです。人文書の売上で芳林堂を抜いたからで、当初の鈴木書店との取引事情はこれもよく聞かされた。

27　地方・小出版流通センターとのタイアップ

――　そのような中で、百貨店の書籍売場にふさわしいイベントやブックフェアが展開され、開店時のブックフェアは未來社の全点フェアだった。それからひとりだけの出版社、企業ＰＲ誌、バレエ、ラテンアメリカ文学のフェアなども続いた。

特筆すべきは七六年に設立された地方・小出版流通センターとタイアップしたイベントで、地方だけでなく東京も含めた小出版社のフェアで、これがきっかけとなって、地方・小出版流通センターは東・日販との取引が開始され、センターに加入した小出版社の全国の書店への流通が可能になった。

その集約イベントが、小川が『棚の思想』で言及している「東北の本まつり」と「東北の文化誌」なる同時フェアだったかもしれない。

これは八一年の企画で、東北の出版社八十社千点五万冊の出版物、東北の市町村史六十点、さらに東北の美術館、博物館のカタログ・図録類からタウン誌までを集め、来場者は八万人で、購入者も一万三千人に及ぶものだった。

まさに「地方の時代」に呼応するイベントで、西武百貨店にとってもふさわしいものだったと述べています。

28　リトルマガジンの時代

今泉　それと地方・小出版流通センターとのタイアップで重要なのは多くのリトルマガジンのことですね。

――『本の雑誌』や『広告批評』などは地方・小出版流通センターを取次としてスタートしていた。それにリブロも連動し、リトルマガジンの時代を推進する書店のような役割を果たしてもいた。

『本の雑誌』の場合、最初は直販で、七六年に五百部で創刊され、八五年には三万部を売るまでに成長した。『広告批評』も三千部から始まり、二万五千部まで伸ばした。

マス雑誌に比べれば大した部数ではないと思われるかもしれないので、参考のために当時の文芸誌との売れ行きの比較を挙げておきます。これも小川が『棚の思想』の中で示しているものです。

それは八三年十月の紀伊國屋梅田店、弘栄堂吉祥寺店、芳林堂池袋店三店合計の文芸誌、中間小説誌、及び『本の雑誌』と『広告批評』の実売データで、次のような部数になります。

『新潮』（新潮社）	八二
『文學界』（文藝春秋）	八一
『群像』（講談社）	六六
『海』（中央公論社、廃刊）	五七
『すばる』（集英社）	五三
『文藝』（中央公論社）	三五
『海燕』（福武書店、廃刊）	八一
『小説新潮』（新潮社）	一二三

『小説現代』（講談社）　一一六
『小説宝石』（光文社）　九四
『本の雑誌』（本の雑誌社）　二三〇
『広告批評』（マドラ社、廃刊）　六四一

この数字だけみても、文芸誌でも中間小説誌の時代は過ぎ、リトルマガジンの時代を迎えていたことがわかる。

今泉さんはすでにこのデータが出された八三年には池袋店に移っていましたが、『本の雑誌』や『広告批評』の売れ行き部数を覚えていますか。

今泉　正確な数字は記憶していないけど、各店と同じレベルだったと思います。

——ということは、リトルマガジンの売れ行きに関しては、トータル部数でも三店と同様だったということになりますか。

今泉　そうだと思う。地方・小出版流通センター扱いのリトルマガジンには、この二誌の他に、『ｉｓ』（ポーラ文化研究所、廃刊）、『ＡＸＩＳ』（アクシス）、『談』（たばこ総合研究センター）、『ＢＯＯＫＭΛＮ』（イデア出版局〜トパーズプレス、廃刊）、『幻想文学』（アトリエＯＣＴＡ、廃刊）などがあった。

それに通常ルートでも『ＳＷＩＴＣＨ?・』（スイッチ・パブリッシング）、『ＳＴＵＤＩＯ ＶＯＩＣＥ』（ＩＮＦＡＳパブリケーションズ、廃刊）、『パー・アヴィヨン』（ＳＤＣ出版部～ＭＡＤ出版、廃刊）などが加えられ、『マリ・クレール』なんかも中央公論社の雑誌だったけれど、リトルマガジンの系列に入っていた。あとは『別冊宝島』シリーズなんかも含めていいのかもしれない。

これらはバックナンバーまで売っていたから、トータルすれば、とんでもない大部数を売っていたことになる。最も売れたのは『別冊宝島』シリーズの『現代思想・入門』で、五千冊は優に超えていたと思います。

第Ⅲ部

29　ニューアカデミズムの到来

――今泉さんの池袋店異動に合わせるように、リトルマガジンが隆盛となり、その一方でニューアカデミズムの時代が起きていて、それは八二年の上野千鶴子の『セクシィ・ギャルの大研究』（光文社）、八三年の浅田彰の『構造と力』（勁草書房）がはしりとなる。これもあなたの池袋店移行と足並を揃えるようにして出版されている。田口さんはこの『構造と力』で今泉さんが出版業界に名を売り、池袋西武にすごい奴がいると評判になったと言っていますが。

今泉　それには前史があって、私が池袋に移ってきたら、百貨店だけでなく、出版社の人たちもどんな奴が田舎から出てきたのか、様子をうかがっているわけですよ。小川さん直々のご指名で移ってきたのだから、お手並み拝見という感じでしたね。

それもあって新刊を追いかけるだけではインパクトはないから、私なりの色々なミニフェアから始め、いい手応えを感じたので、大きなフェアをやってみようと思った。それが「新しい知のパラダイムを求めて」というものだったんです。

――その企画を百貨店の催事予算を出す販売促進部に持っていったら、販促部長から
それは「パラダイス」の間違いじゃないかと言われ、アメリカの科学思想家のトーマス・クーンが『科学革命の構造』（みすず書房）の中で、その時代に固有な思考の枠組のことを「パラダイム」とよび、そこからとっていると説明したという有名な話ですね。

今泉　よく知っていますね。

――この話は色んな人たちから聞かされましたから。

今泉　このフェアは国内外の思想、サイエンス、ファッション、風俗、性などをクロスオーバーさせたもので、上野千鶴子、栗本慎一郎、丸山圭三郎、柄谷行人、ポランニー、ハイゼンベルク、ウィーナーといった人々のフェアでした。その組み合わせが斬新だったのか、よく売れた。つまりこのテーマの成功は潜在的にそれだけ多くの読者がいたということの証明なんですよ。それで私は自信をつけて、この路線でいってみようと思ったわけです。

30　浅田彰『構造と力』

――それに浅田彰の『構造と力』が刊行された。

今泉　そういうことです。
浅田彰さんは確か岩波書店の『思想』にアルチュセールのことを書き、河出書房新社の『ブック・ガイド・ブック』に「知の最前線」というフランス構造主義に関する初めての要領のいいチャートを発表していた。まだ無名だったけど、若くてシャープな新人が登場したと思いましたね。
『思想』の論文も『ブック・ガイド・ブック』のチャートも、両方とも八三年三月頃に出たんじゃないかな。

――　それで浅田には早くから目をつけていたのですね。

今泉　それからしばらくして、勁草書房の営業の人がきて、八月に浅田の『構造と力』を出すというんです。初版三千部だと聞いたので、それは少ない、絶対売れるからもっと刷るべきだと強調しました。それで確か初版は五千部になったはずです。
その後の十一月にせりか書房から中沢新一の『チベットのモーツァルト』が出て、これでニューアカデミズムの時代へと入っていくのが決定的になりました。

――　この二冊はおそらくリブロ池袋店の一番目立つところに平積みされて売れ始め、それが全国の書店へと広がっていくことで、ニューアカデミズムブームのベースが築かれていった。

どのようなブームであっても、たとえそれがニューアカデミズムであっても、ブームが生まれるためには必ずスターが出現しなければならない。

浅田や中沢はともに大学助手の立場にいて、若さも備えたスターで、デビューの主要舞台として、あなたに演出されたリブロがあり、格好の装置までが揃っていたことになる。

とりわけそれがリブロ池袋に突出して表われた。

今泉　中沢・浅田両人の協同企画として「現代知のハイブリッド」というフェアを実施したりしました。確かにそう考えないと、いくら何でも通常の書店では「別冊宝島」の『現代思想・入門』の五千冊以上の販売というのはありえないですね。

——だから今泉さんが池袋に移ったあたりから、明らかに出版シーンもアカデミズムの内実もが変わってきた。ポストモダニズム、高度資本主義消費社会、セゾン文化の隆盛と言い換えてもいいけれど、流れが変わったというか、そんな印象がある。

例えば、『構造と力』にしろ、『チベットのモーツァルト』にしろ、収録論文の大半は青土社の『現代思想』に掲載されたものだった。だがこれが二冊とも青土社から出ていたら、勁草書房やせりか書房からの出版よりも目立たなかったかもしれない。

ましてニ人とも『思想』にも書いていたわけだから、最初の本を岩波書店から刊行したら、ニューアカデミズムのスターにはなれなかったと思う。

今泉　そうかも知れませんね。

上野千鶴子さんだってそうです。『セクシィ・ギャルの大研究』だってカッパの光文社の一冊だったから、広く注目を集めた。これもゴフマンの未邦訳の『ジェンダー・アドバタイズメント』がベースになっているから、アカデミズム系の出版社から出た場合、まったくちがう書き方になっていたし、彼女のその後も異なっていたでしょう。

もうひとつ付け加えておけば、そのカバー写真は西武百貨店の吉祥寺コミュニティ・カレッジが協力しているので、こちらも最初から縁があったことになる。

――だから岩波書店、丸善、紀伊國屋書店系列ではなく、一方にリトルマガジンの時代があり、小出版社から刊行され、リブロで売られたことが、それこそ出版シーンのパラダイムチェンジだった。

雑誌も同様でリトルマガジン系の『現代思想』『エピステーメー』（朝日出版社、廃刊）、『GS』（冬樹社、廃刊）などの系譜の中に、『現代思想・入門』も位置づけられると思う。こちらの版元も小出版社だった。

31　五千部売った『現代思想・入門』

――その時代を象徴していると考えられ、五千部以上売ったという『現代思想・入門』の章題を抽出してみます。

1　現代思想は何を問題にしてきたか？
2　現象学から実存主義へ
3　記号論という新しい波
4　構造主義の出現
5　構造主義からポスト構造主義へ
6　フランス思潮は日本の現代思想にどのような影響を与えてきたのか？

これらの章に合わせて、キーワード解説と多くの邦訳参考文献も付され、執筆者は小坂修平、竹田青嗣、志賀隆生、永澤哲、西研の五人で、刊行は八四年十二月です。版元はまだ宝島社ではなく、旧社名のＪＩＣＣ出版局でした。この企画と出版社も執筆者たちも出版シーンのパラダイムチェンジを示すものだったといえるでしょう。

これは『現代思想・入門』と紹介してきましたが、正式には角書で、「わかりやすいあなたのための」という表記が入っていて、その惹句は「サルトルからデリダ、ドゥルーズまで、知の最前線の完全見取図！」なるものでした。

その「イントロダクション」を先頃亡くなった小坂修平が書いていて、図らずも当時の状況をよく伝えているので、「『新しい知』を『自分の知』に！」と題するその書き出しの部分を引用してみます。

　ぼくの若い友人が、「知がファッションになって、すごく過ごしやすくなった時代」だと、現代の特徴を語っていた。かれはロックを聞きこみ、狭い意味でのファッションにも気を配っている好青年だが、知というものが、なにか特別な権威をもったものではなく、ロックやファッションやマンガなど、いろいろな「楽しみ方」のひとつになったということ自体は、知の健康のためにもよいことだろう。

つまり八〇年代になって、「知」がファッションやロックやマンガと等価になったことが語られています。

その「新しい知」を代表するのがニューアカデミズムで、背景にあるのはフランスのポスト構造主義思想なので、それを「権威」からも「流行」からも解放し「自分の知」に組みこむ手助けとするために、この一冊を編んだと小坂は述べています。

ただ今読んでみても、またいくら時代を考えても、これが池袋店だけで五千冊以上も売ったというか、売れたというのはすごいことで、本当に信じられないような気がする。

32　フーコー『言葉と物』

今泉　『構造と力』が出た時にこの本を中心にして構造主義のフェアをやった。さっきのパラダイムチェンジじゃないけど、私たちの学生の頃、七〇年代のフランス構造主義は中村雄二郎が訳したフーコーの『知の考古学』（河出書房新社）経由の「エピステーメー」とか「アルケオロジー」のイメージが強かった。
ところが八〇年代になって、浅田さんたちが紹介したフランス現代思想は少し異なり、同じフーコーでも『言葉と物』（新潮社）によっていた。これはとても難解な一冊で、マルクスやヘーゲルなどのドイツ観念論の難しさともちがう色彩のものだった。あの始まりにあるベラスケスの絵の分析にしたって、一筋縄ではいかなかったですね。

まだ主著の『パサージュ論』（岩波書店）の翻訳が出ていなかったベンヤミンも、若くして死んでしまい、体系も形成されておらず、どう位置づけていいのかわからない思想家だったけど、彼とはまた異なる意味でわからないのがフーコーでしたね。言っていることは、ゼードルマイヤーの『中心の喪失』（美術出版）とそんなに変わっていないと思うけど、文体が精密でしたね。

それで勉強会をやったり、苦労して読んでいくうちに、フーコーが私たちの時代を可視化してくれるのではないかと、期待するようになった。私の解釈でいえば、フーコーは「アンチ・ヘーゲル」を目論んでいて、いかにヘーゲルを超えるかが思考の中心にあると理解していました。

――ちょうど英米圏の研究もフーコーの影響が強力に広がり、とりわけ『言葉と物』がベースになっていて、洋書の新刊情報を見るたびに、フーコー色に染められていく英米の思想状況がわかりました。だからニューアカデミズムも国際的にして共時的だったといえるかもしれない。

今泉　それはちょうどその頃、「マルクスからヘーゲルへ」という歴史を逆に行く流れと「ヘーゲル・ルネサンス」という流れがあり、フランス現代思想のコジェーヴ経由の「アンチ・ヘーゲル」をめぐる流れが入ってきて、そちらのほうが国際的に強力なものになってきたことの表れだと見ていいでしょう。ドゥルーズ＝ガタリの『アンチ・オイディプス』や『千のプラトー』（いずれも河出書房新社）も、そのような流れの中で読まれることも可能です。

いずれにしても、フーコーやドゥルーズやデリダのフランス現代思想で、新しい「時代の解釈」ができるような期待が実感として生じた。それがあの時代の雰囲気だった。そこに『構造と力』が刊行され、それを体現したという感じがしたのです。

33　中沢新一『チベットのモーツァルト』

――そしてその一方に中沢新一の『チベットのモーツァルト』の占める問題もあるということですね。

今泉　『構造と力』がアンチ・ヘーゲルをめぐる流れであるとすれば、『チベットのモーツァルト』は仏教から精神世界へと至る流れを示していたと思います。

ただ『チベットのモーツァルト』もジュリア・クリステヴァの著書からタイトルがとられているし、『構造と力』と同じようにフランス現代思想を下敷きにしているわけで、チベット仏教とそこでの修業体験がテーマになっていましたね。

またカスタネダのドン・ファン・シリーズもこの本の人類学的思考の背景でもあったと思います。それからクリステヴァの夫であるテルケル派のフィリップ・ソレルスやフーコーが毛沢東派だったように、中沢さんも同様ですよ。

だから『構造と力』が西洋哲学の系譜上に成立しているのに対して、『チベットのモーツァルト』はアメリカの六〇年代のビートニクから始まるカウンターカルチャーと毛沢東の延長線上にあると見なすこともできると思います。つまり精神世界＝ニューエイジと東洋思想の出版物の流れとつながっている。

――そういえば、こちらの分野の本を刊行してきたのも小出版社ばかりだった。工作舎、平河出版社、めるくまーる社、たま出版、地湧社などが立ちどころに挙げられる。

この分野の本はニューサイエンス、神智学、オカルティスム、ヒーリング、メディテーション、チャネリング、ヨガ、超常現象、サイパワー、超能力、UFO、古代文明まで広がっていくから、ものすごくすそ野が広い。

しかもそれらの本の出版とパラレルに密教への関心の高まり、阿含宗からオウム真理教に至る新宗教の出現があり、日本の精神世界の動きとも密接な関係を示していた。

今泉　奇しくも八三年に『構造と力』と『チベットのモーツァルト』が同じくして出版されたのを見て、私はその背景にこれらのふたつの流れを感じたのです。

このふたつの潮流の中に思想哲学だけでなく、文学、美術、宗教、歴史、科学などのすべてが一緒に入っていた。そしてそれらの本はこれまでバラバラに出版されているように見えても、実はすべてがつながっていると思えたのです。

だからそれらの本を新たに引用することによって、新たな様々なフェアを企画展開し、それらを通じて新たな棚をつくって現代を表現しようと考えたわけです。

数字の結果で言うとフェアの売上消化率は五〇％を越えれば成功です。トップクラスで七〇％ぐらいですね。酷いのは二〇〜三〇％で失敗したものもありましたね。

34 「今泉棚」の原型

——それが結果として、「今泉棚」と呼ばれるようになったと解釈していいのかな。でもこれらの話を聞いていて、最初に本屋として役に立ったという三つのシリーズ、筑摩書房の『戦後日本思想大系』と学芸書林の『全集・現代文学の発見』、平凡社の『現代人の思想』の意味合いがよくわかる。（巻末【参考資料】参照）

これらはすべてアンソロジーだし、目利《めき》きの著者や作品を抽出して編むことで、いずれもが「現代」を浮かび上がらせようとしている。それゆえにこれらのアンソロジーは今泉さんのブックフェアや棚づくりと共通している。

とりわけ『現代人の思想』は日本だけでなく、世界の共時的思想までとりこんでいるわけだから、「今泉棚」の先駆的なアンソロジーだったようにも見えてきます。

今泉 あれは色んな意味で印象深い企画でしたね。この企画はまず装丁や判型からして、おしゃれだった。白地の箱入りのB６判だからコンパクトで、それまでの思想シリーズとまったく印象が異なっていましたね。

岩波書店だったら、ありえない装丁と判型のように映った。それと参考文献が充実していて読書の幅が確実に広がりました。

――それは中央公論社の『世界の名著』の荘重さに対抗するイメージがあったのかもしれない。でも『現代人の思想』は編集、収録作品も含めて、斬新であっただけに営業的には成功しなかったと聞いている。

発行開始が六七年だったから、まだ時期尚早の企画と見なせる。それこそ「現代人の思想」がおしゃれになるのは八〇年代まで待つ必要があった。

今泉　確かにそれは言えるけど、私にとっては色んなことに目を開かされたシリーズでした。そのうちの一巻を挙げれば、山口昌男の編集・解説の『未開と文明』で、冒頭の山口の「失われた世界の復権」は驚きで、これで山口の名前がインプットされました。こういう発想、書き方、学際的リーディング、新たな世界再建の構想といい、衝撃的一冊に価し、そこに収録されていたレヴィ゠ストロース、エリアーデの論文もインパクトが強く、ずっと尾を引きましたね。『本の神話学』もおもしろかったですね。

――それは今泉さんだけでなく、私も同様で、山口の名前を覚えた。『現代人の思想』はそれほど売れなかったにしても、それがもたらした影響は大きく、大げさにいえば、六

○年代のニューアカデミズムで、山口は浅田と中沢を兼ねていたような存在だったし、これがデビューの場であったと見なせる。

だからあらためて思うのは売れ行きの如何にもかかわらず、本というものは出てから二、三十年経って、初めてその影響力というか、波紋の広がりを確認できる。大半のベストセラーは忘れられてしまうけど、そこに本の特質が潜んでいる。二十年後に『現代人の思想』が「今泉棚」に投影されることなど、誰も予想しえなかったはずだ。

もちろん『現代人の思想』だけでなく、他のシリーズも今泉さんの読書体験に深く根を降ろしていたゆえに、さっき言ったような多様な展開が可能となったわけですが。

さて少し話は戻りますが、西友から百貨店に移ってきた今泉さんに対する「西友上がり」だという偏見は当然のことながら払拭されていったんでしょうね。これだけのフェアを次々と打ち出していくわけだから。

今泉　まあ、色々とやって、数字も伸びてきましたから、それはほとんど言われなくなりました。

35 『ゲーデル、エッシャー、バッハ』と『アンチ・オイディプス』の売れ行き

――ニューアカデミズムとの関連でいえば、八五年にホフスタッターの『ゲーデル、エッシャー、バッハ』(白揚社)、八六年にドゥルーズ＝ガタリの『アンチ・オイディプス』が出ますが、どのくらい売ったんですか。

今泉 『ゲーデル、エッシャー、バッハ』は試金石だと思って、一年ぐらい前から内容について色々な先生に話を伺って、内容はだいたいつかんでいたので、「ゲーデルを読むための30冊の本」フェアを同時展開して、三百冊仕入れたのです。初回配本でこれだけの部数を確保したのは初めてでした。四千八百円ですが、かならず売れると。結局一ヵ月で五百冊ほどは売ったと思います。

もっとすごかったのは『アンチ・オイディプス』で、これも三百部仕入れました。後に河出書房の社長になる若森さんが営業部長で、「何部売れるだろうか」と聞くから、「三百部ほしい」と言った。そうしたら「いくら何でも多いんじゃないの」という返事があったけれども、「大丈夫ですよ」というわけで、三百部が入ってきました。

ところが驚いたことに、初日にこれがほとんど売り切れ、四千五百円の定価なのに。一日でこれだけ売れたのは『アンチ・オイディプス』くらいで、池袋店のベスト記録じゃないかな。ドゥルーズやバルト、フーコーの原書がよく動いていましたから、多少の手応えはありましたけど。

―― 本当に信じられない。千円もしない『現代思想・入門』とはちがうわけだから。全国の書店と比較しても突出した現象だったでしょう。

今では「ハリー・ポッター」にしても、『1Q84』にしても、全国一律にどこの書店でも一斉にベストセラーになるのとちがって、リブロ池袋店はニューアカデミズムと現代思想で、突出した売れ行きを示す書店となっていた。しかも今泉さんが移ってきてから数年で。

今泉　あわてて追加をとり、それで一ヵ月トータルで五百部ぐらい売ったはずです。こうなってくると、この手の本のアンテナショップと見なされてきて、色んな版元からしょっちゅう電話がかかってきて、「あれは売れるか」ということになっていったんです。

36 「流行と不易」のバランスと日常の仕事

今泉　ただそこに至るまではかなり試行錯誤を積み重ね、「流行と不易」のバランスもとっていました。トレンドと変わらざるものの対照性を絶えず意識していた。現代思想に関するトレンドとなるようなフェアをやる一方で、そのカテゴリーに入らない土居健郎の『甘えの構造』（弘文堂）、エーリッヒ・フロムの『愛するということ』（紀伊國屋書店）や神谷美恵子の『生きがいについて』（みすず書房）なんかも、きっちりフォローすることも大切なことです。

なぜならば、こちらはトレンドではないにもかかわらず、常に売れていくロングセラーであり続けていたからで、最近アマゾンなんかで言われる「ロングテールの法則」なんて昔からあったもので、特に大型店の場合、常備で年二回転すれば、基本図書だったのです。売上を伸ばすためには両方の配慮が必要ですから。

いきなり専門書を任せられたわけだから、今日は何が売れたかを毎日データ化し、ノートに記録しました。

―― 今とちがってコンピュータ化されていないから、全部スリップでやっていたわけですね。

今泉 そう、ジャンル別にわけ、日計表を作り、単品管理とジャンル効率比を分析検討するのです。だから家に帰るのは十二時過ぎになる。あの頃は七時閉店だったけど、店を出るのは十一時から十一時半でしたね。終わってから、一杯飲みに行って、くだをまくことは無縁でしたね。時には、好きな音楽のネビル、ライクーダ、リチャード・トンプソンのライブなんかには行ってましたけど。ひたすらデーター分析と議論に尽きますよ。

それから昼飯はほとんど編集者や営業の人と食べて話をしてましたね。昼間は、営業の人、編集者だけでなく、著者や取次の人たちとの対応にも追われていました。

当時は横浜に住んでいたから、通勤時間に片道一時間半かかった。通勤電車内を読書の時間にあて、毎日三時間の読書を欠かさないようにしないと、インプットが足りなくなってしまうのですよ。それで一方では、売上データを毎日書いていましたね。

そうすれば、いやでも頭に入ってきます。自分がコンピュータとなっているわけですから。そういうことをしないと自分で覚えられない。当たり前ですけど。

記憶術というのは書名を見て、書いて、転記して覚える。そのデータが増えていき、それを何回も何回もリピートしていくうちに、自然に頭に入っていくのですよ、私の場合には。

これによって売れるスピード、売れる月、売れる時間帯の本の動きが如実にわかっていくのです。またほとんど棚を覚えてしまう。だから在庫を聞かれても、「あれは向こうの棚の上から三段目の真ん中にある」と自然に言えるようになるのです。

それから昼間の店頭マーケティングをやるのです。時間帯によって集客ゾーンがわかる。すると時間別の客の動きが見えて来ます。立ち話している人たちが手にしている本が何かということまでデータ化されていく。いくらコンピュータ化されても、そこまでは絶対にできないでしょう。

―― 確かににそうですね。

今泉 データ管理もしながら、そのかたわらで買っていく年齢層、時間帯、曜日の特質、売れる本と雑誌、これらの動向を「今和次郎」じゃないですけど定点観測していたことになるのです。

―― ということは専門書だけでなく、広く他の分野も担当していたわけですか。

今泉 もちろん優秀なスタッフがいましたが、私一人で雑誌、文庫、新書、文学、人文、美術、理工、ビジネス書も担当していた時期もあるから、その時は本当に多くのジャンルをこなしていましたね。

その上フェアの企画を毎月三つぐらい出していました。テーマが異なり、ジャンルの異なる人文系、理工系、文学といった感じで、毎月三つやるわけですから。もうそれは楽しかったですけど地獄のような忙しさでしたね、十一階にいた時は。

本当に睡眠時間以外のほとんどを仕事に当てていました。それを三年くらい続けたわけです。

―― そうなると百貨店の連中も誰も文句を言う人たちはいなくなる。

今泉 店頭マーケティングを最初にやっていた頃、彼らは私がサボっていると思っていた。ところがそうじゃないことが段々わかってきたんではないかと思います。売上げが確実に伸びて行きましたから。

―― 要するに、それまでの「西友上がり」という意地の悪い冷たい視線から、今泉さんはただ者ではないと認められるに至った。

37　堤清二人脈との交流

今泉　それには過酷な仕事ばかりでなく、もうひとつ理由があったんです。

これは西武百貨店の中に入って初めて実感したことだけど、堤清二のカリスマ性とその旧左翼時代からのつながり、及びアカデミズム、文学人脈の広がりと多様性でした。小川さんだってその一人だったし、もちろん西武資本に取り入ろうとしている連中に至っては山のようにいましたから。

西武内で堤さんのカリスマ性のエピソードを挙げてみると「リブロ手下げ袋破損事件」というのがあります。ある日、堤さんがいつものように十一階で本を購入し、私が紙袋に入れて渡しました。

二時間後くらいに、本部の役員から私に電話が入っていきなり、「お前は会長に何をやったんだ」と怒鳴るのですよ。私は、何もわからず、「本を購入して行っただけです」と言ったのですが、そのうち、店長やら管理部長ら数人がすっとんで来て、「どんな本だ、秤を用意しろ」などと言いながら、「どんな本を買ったのだ」と言うから、私は同じ本を渡したのです。

要は手下げ袋が破れたということだというのですよ。彼らは、それを秤にかけて、これならいいのかどうかなどと言いながら、カウンターのお客さんをさしおいて話しているのです。私は、何をしているんだと思いましたね。

それまでは堤さんの買った本のスリップは店長秘書を通して、その日のうちに本部の役員に知らされていたのです。私が来てからそんな馬鹿なまねはやめろと言って中止させたのですが、その後、何回もどうなっているんだという声がありました。

その当時の堤さんが、役員たちにとって、どういう存在であったかと思うと、異常でしたよ。しかし、この手の話はたくさんありましたから。堤さん本人は知らないでしょうけど。

ところがそうした堤清二人脈に対して、その頃話ができる人が百貨店にはいなかった。例を挙げれば、旧左翼では安東仁兵衛さんとか伊東光晴さんとか、文化人では筑紫哲也さんとか、文学者だったら安部公房さんを始めとする多彩な人たちと話をする人はいなかったんですよ。

私は学生運動時代をくぐり抜けてきているから、大学教授、知識人、文学者に対して、かしこまる態度はあまりないし、神話化に至ってはありえないでしょう。教授、評論家、文学者と称されている人々の仕事の内実こそが問われるべきだと思っていました。何よりの問題は、その人が評価に値する仕事をしているかどうかで、肩書よりもそれこそ人間性が大切だと考えていましたから。

――ということは西武百貨店と堤清二人脈の関係において、その時、受け皿がなかったけれども、今泉さんの異動とリブロの書店としての変貌によって、その受け皿ができたということになるのかな。

今泉　そう考えていいんじゃないのかな。『現代の理論』を出していた安東仁兵衛さんなんか、「今泉君、どう」なんて言って、しょっちゅう来ていた。気を遣って言葉をかけてくるわけですよ。

それまで百貨店の人たちは恐れ多いと思っていて、誰も近寄らなかった。でも私は別にビビる理由もないし、普通に話し、異なる意見も言ったりしました。お茶を飲みながら、「いや、安東さん、それはちがうと思います」と。伊藤光晴さんに対しても同じでしたね。

それが口コミで広がり、堤清二のところにも伝わったはずで、「西武も変わった」とか「書籍売場には専門書が充実してきた」とか言われ始めたようで、これで小川さんも安心したんじゃないかな。堤人脈の客は私のところに回しておけば、誰が行っても安心だと。そんなわけで、堤人脈のお相手は私が引き受けることになってしまったんですよ。

38　スタッフ養成と勉強会

――その一方で店のスタッフも育てなければならなかった。

今泉　スリップをまめに見て、データーを取りストックのある本はすぐに補充することだけは口うるさいほど言いましたね。そのためにストック在庫があるわけです。棚に出ている本を読んだり、覚えるだけでなく、ストックにある本も記憶していなければならない。

――口うるさい店長だとかなり後まで言われていましたものね。

今泉　他のことをまねろとは言わないけれど、在庫のある本の補充のスピードアップは気働きすれば、誰でもできることですから、それだけは要求しましたね。

「本が売れたら、在庫があれば、十分以内に補充しなさい」、「今売れた本は棚からなくなってしまったけど、在庫にはある筈だよ」、「在庫があるのによく平気な顔をしているね、下に入ってるじゃないか、補充するのにどれだけの時間がかかるのかね」といつも言っていたから、部下にとってはうるさかったでしょうね。でも書店人として大切なことですよ。

前橋時代には専門書をうりにしていましたから、返品不能品の処理が重要でしたね。スタッフ教育の一つとして岩波や理工系の買切制の出版社との交渉術をスタッフを集めて私が実演しましたよ。

まず、あいさつから始って、販売状況を話しながら、相手の性格やスタイルを見きわめ、ころ合いをみて具体的な交渉に入るわけです。

返品理由として、①客注した客が転勤してしまった。②本人が病気で長期入院してしまった。③お客さんが死んでしまった等の理由で、今後の企画でがんばりますので返品了解をお願いしますと言うのです。何十人病院に入院させ、何十人死んでいただいたか覚えていません。申し訳ないと今は反省していますけど。

それでダメの時は、二、三日あけて違う人とまた交渉するのですよ。④売れ筋商品との等価交換を持ちかける。⑤返品正味を下げて交渉する。だいたい以上で九〇%は処理できます。最後は古本屋に売却する。それで発生するマイナス分は取次の配本ミスによる過剰分でカバーするわけですよ。

リブロ池袋時代は、その出版社の上層部と話をすればほとんどOKでした。

――それだけでなく、スタッフたちと色んな勉強会もしたと聞いていますが。

今泉　デリダの差異とは何か。マルクスの価値形態とソシュール言語学の関係などをテーマにしてやりましたが、こちらのほうはストックからのスピードアップ補充と異なり、ほとんどわかってくれなかった気がするなあ。

――それは当たり前ですよ。大学院レベルの研究室の話ではないんだから。

今泉　でも私は書店はその中に、オープンアカデミーがあってもいいだろうと思っていて、それなりに結構真剣だったんですよ。

――書店がそのような場であれ、そのように考えられていたという事実だけでも、現在と隔世の感があります。

だが現在において、書店はエンターテインメント市場化一色に染まり、考える本というツールを提供する機能と役割はほとんど追放されてしまった。しかし当然のことながら、それとパラレルに本は売れなくなる一方だった。

第Ⅳ部

39　大手出版社との関係

――　出版社との関係や対応について聞かせてもらえませんか。小出版社との関係は密接なものになっていくのが当然の成り行きだったことはわかりますが、大手出版社との関係と対応はすぐに改善されるものではない。

リブロは西武資本を背景にしているにしても、後発だから、丸善や紀伊國屋レベルに至るのは容易ではないと想像されますけど。

今泉　そのとおりです。

でもそれはキディランド時代からずっと引きずっていたものです。キディランドでもいくら売っても商品は入らない。紀伊國屋や丸善には平積みになっているというのに。とりわけ新潮社、文藝春秋、講談社等の大手出版社はそうでした。これはちょっとおかしいと思っていました。

それでキディ時代に新潮文庫担当になった時、伸び率、売上構成、占有率、前年比などのデータを作り、それを持って新潮社へ行ったんです。担当者にいくら電話しても商品を入れてくれないから。私一人では相手にされないと思い、各店からも何人か集め、新潮社に乗りこんだのですよ。そのことで少しは改善されましたけど、当然のように希望通りの部数の確保はとても無理でしたね。

――あの当時は日書連の有力大手書店と大手出版社の連携はゆるぎもないもので、両者を結ぶ大手取次のパイプもまた太かった。だからそれなりの数字を上げたにしても、後発や新興の書店がつけ入る隙がなかった。それは前に話した鈴木書店の口座をすぐに開けなかったことに象徴されている。

今泉 そうなんです。これは前橋に行ってよくわかったんですが、それらの大手書店の入荷部数には逆立ちしても立ち打ちできない。東京にいれば、各取次の店売をあさったり、神田村を廻ったり話をつけたりして多少何とかなったかもしれないが、前橋ではどうしようもない。せいぜい架空客注を書くことで、何とか少部数を確保するしかなかったですね。

――七〇年代から八〇年代初めまではその大手三者による流通寡占システムがとりわけ顕著だった。しかしそれは郊外店出店ラッシュによって崩れていくわけだが、地方の場合、新潮社、文藝春秋、講談社などの新刊を平積みできた書店は本当に限られていた。それに加えて小学館や集英社を数えてもいいが……。

今泉　その点、人文書を出す小出版社の場合、事前に手配すれば、希望通りの部数が入るから、それを店の特色とするようになったわけです。しっかり売り、実績を上げれば、返品の問題も常備店でなくてもクリアーできるケースもあったんですよ。

しかし岩波書店の場合が問題でした。前橋にいた時、岩波書店とトラブッたことがありました。いくら売っても常備店にならない。

それで「どうして私のところには常備セットを出してもらえないのか」と言ったんですが。そうしたら、「我が社の方針」だと言う。それで「方針というのは何なんだ」と聞いたら、「いや、我が社の特約店は決まっているので」という返事が戻ってきた。だから「その基準を示してくれ」と言ったんです。

要するに「その基準を示せ」ないわけ。それは昔からのつきあいで、岩波書店は前橋の場合、一店しか常備店は出せないという一点ばりでしたね。

単行本の売上冊数でいえば、すでに常備店を上回るところまできていたのに、それも認めてくれなかった。「私たちだって、商売の基準でものを言っている。小さな店であるにしてもそれなりの数字も上げている。昔からのつきあいだけですませられない問題ではないか」と言い返すしかなかった。

岩波書店の営業課長と電話で、そのようにやりあったので、かなり大騒ぎになってしまったらしい。前橋担当の営業部の人を通さずにやりあったんで、それから岩波の営業は店に来なくなってしまった。私も三十そこそこだったし、岩波書店としては一介の本屋の若造が電話をかけてきて、勝手なことばかり言われたんで、彼らもかなり頭に来たんだと思いますが。

40　出版業界の階級構造

――この際だから出版社の営業のことにもふれておきましょう。たまたま岩波書店の話が出たから言いますが、岩波の営業が本格的に地方も含めて書店を回るようになったのは八〇年代になってからで、それ以前はそのような販促活動をほとんどしていなかったんじゃないかな。

今泉　キディランド時代はほとんど回ってこなかったですね。買切制だし、返品にまつわる営業部の仕事はない。それに岩波書店としてはその自負もあり、さっき言った老舗書店に対する特約店制、万全の広告体制、『図書』による読者層への食いこみといったシフトに対して自信を持っていたんだと思う。

――しかしそれが郊外店などの出現による書店地図の塗り替え、及び消費社会を迎えた読者の変化があり、従来の殿様商売にも翳りが見え始め、そのこともあって書店営業もするようになった。それまでは書店が営業に電話しても、取次に言って下さいという高飛車な態度だったという話もよく聞いた。

それからこれもはっきり言っておかなければならないが、出版業界の階級構造というのも露骨で、これは色々と含みももちろんあるが、一番えらいのが著者、その次が出版社の編集で、その下に営業がある。

営業の次にくるのが取次で、単なる運び屋だと思っている人たちすら存在する。取次は取次で、書店のことは小売りと呼び、明らかに下に見ている。だから書店に至っては何をか言わんやというのが七〇年代以前の状況だった。

だから今泉さんのような自立し、本もよく読み、著者や出版社や取次と対等に張り合える書店員の出現は画期的な出来事だった。

そして何よりも顕著だったことは今泉さんに代表されるような書店員がこの時代に多く出現したことで、出版業界はその意味でも大いなる変革期を迎えていた。

ところが書店側はそのような人材が組合問題を引き起こしていることが自明だったので、それらの人々の能力を十全に生かそうとしなかった。出版社や取次も書店経営者の側に立っていたから、こちらも同様だった。

今泉　まあ、旧来の出版業界の人たちにとって、百貨店の人たちが私のことを「西友上がり」と見ていたように、それなりに本を読み、対等に発言する私なんかを面白くないと思っていたのも事実でしょうね。

――そう、本当に能力を認め、信頼してくれるならば、再販制が外れ、価格決定権を書店にまかせても、何の心配もなかったはずだ。ところがそうならなかったのは基本的に認めたくなかったからだと思う。

出版業界総体としては先にふれた上意下達の階級構造を変えたくなかった。そのために出版業界は流通販売システムも旧来のままで、現代ビジネスに移行しないままに過ごしてしまい、取り返しのつかない危機を迎えていることになるわけだ。

その意味において、リブロの池袋店は読者と最も接近していた。もちろん流行と不易を含めて。だから確かに何でもできる可能性を大いに秘めていた。

しかしそういう書店状況を迎えていたにもかかわらず、何も変わらなかった。そしてここまできてしまった。だから大手出版社の営業の責任というのも相当大きいのではないかと思っている。

今泉　それを言い出せばきりがない。出版社―取次―書店の関係でいいますと、大部分の出版社の社長は編集出身者でしたね。編集―財務―人事―営業―倉庫のヒエラルキーです。営業の発言力は弱くて、封建制の意識とさして変わりありません。出世しても、よほどの事がない限り取締役営業部長止まりでしたよ。営業部員は、押し込み中心で、大手出版社を除いて、書店の担当者と仲よくなって成績を上げるパターンです。

書店人はといえば、いつも最下層にいて、生かさず殺さずが出版社・取次の基本ですね。ごく少数の大型チェーンの担当者はそれなりに大手版元と話ができます。リブロ池袋店長クラスになると大手の役員や社長とも話ができましたが、私はゴルフも酒もダメでしたから、余り積極的接近はしませんでした。それに私の狭い範囲のことですが、出版社も取次も本のことを知っている人は余りいませんでしたから。えらい人でこの人はすごいと思った人はほとんどいませんでしたね。

そのヒエラルキーは給与面では明白で、書店員の給与は大手出版社の二分の一、三分の一くらいで、見事なまでの格差構造で、ここ三十年以上やっているのですよ。私はいいたいですね。この給与格差に見合う程の仕事をあなた方はしてきたのかと。現在の出版業界全体の危機的状況は時代のせいだけなのかと。

その中でも筑摩書房の田中達治君はよく頑張っていた。あれが限界だったんじゃないかな。前に話したけど、疲労の蓄積で早死してしまったのかもしれないですよ。

―― 田中さんからはよく出版社の営業の内幕を聞かされた。ある大手出版社では営業の意見がまったく通用しない時代が長かったとか、それこそさっきの階級構造が古い体質として残っていたようだ。でもそれは今でもほとんど変わっていない。

それどころか、出版危機の中で、新たな階級構造が生み出されている可能性もあるし、何よりも流通販売をめぐる不透明な状況というのは改善されていないわけだし。

そしてそれは大日本印刷による買収と再編によって、さらに加速されていく。まあ、そこら辺の事情はこれ以上ふれませんが。

41 出版社の倉庫に仕入れにいく

―― ところで今泉さんは新潮社や岩波書店に殴りこみをかけたように、他の出版社に対しても、逆営業というか、様々な働きかけをしたんですよね。例えば、出版社の倉庫まで出かけては仕入れてくるとか。

今泉　絶版本や品切本を探すために倉庫を見せてもらいに行きましたね。出版社は倉庫まで見せることはしていなかったから、押しかけていったと言ったほうがふさわしいけど。今では在庫管理はコンピュータ化されてしまい、そんなことは考えられないですが、当時は倉庫を探せば、色々と出てきましたね。

――筑摩書房の田中さんの話が出ましたが、彼が営業に回る前は倉庫担当だったから、その話からヒントを得たこともあったのですか。

今泉　田中君から絶版となっている全集でも、返品の中から一巻ずつ拾っていけば、一、二セットは揃えられるという話を聞いたことも念頭にあった。その筑摩書房の倉庫からは『フローベール全集』を見つけました。

――売れるに決まっていますよね、当時は復刻もされておらず、どこにもなかったわけですから。

今泉　他の店で手に入らない本を何気なく棚に入れておく。本に通じたお客だったら、古書価もわかっていますから、喜んで買っていきますよ。それでやみつきになって、各出版社の倉庫巡りが始まったんです。

河出書房では『日夏耿之介全集』が十セットくらい、それに端本が二十冊ぐらいあった。全部仕入れてきて、平積みにして販売しました。あの大判の全集だから迫力があって、神田の古書価はとんでもなく高かったから、これも飛ぶように売れました。

平凡社や白水社、弘文堂でも同様でした。虫に食われながらの探索だったけど。

――その話を聞きつけて、神保町の古本屋が池袋に本を買いにくるようになったとも聞いていますが。

今泉　そうなんです。要するに出版社の営業や倉庫担当者は自分のところに眠っている本の価値がわからないのですよ。読者がそれを求めていることも知らない。

だから私たちが出版社の倉庫に出かけ、それらを見つける行為は出版社というよりも本と読者を結びつける触媒に当たると考えていたんです。だから強気で、「こちらで全部売りますから、出して下さい」と言ったのです。

ところがそれが神田神保町にまで噂になり、彼らが真っ先に買いにくるようになってしまった。とにかく古い新刊定価で買えるわけだから、古本屋だって見過すわけがありませんよ。苦労して仕入れた本をごっそり買い占められたこともありました。だから出すのがもったいなくて、ストックとして隠してしまうスタッフもいたくらいです。

―― 全集ではなく単品では岩波書店の水道橋倉庫に絶版、品切本が大量にあったということですが。

今泉　水道橋倉庫にただ置いてあるだけではゴミに等しいですが、池袋の店に持ってくれば、宝の山になるという典型でしたね。

例えば、当時絶版のジャン・イポリットの『ヘーゲル精神現象学の生成と構造』、プリゴジーヌの『散逸構造』があった。これは現代思想やその関連フェアに欠かせない本で、そうでなくとも仕入れれば、すぐに売れてしまう商品でしたね。その他にも絶版、品切、稀少本が山のようにありました。

しかし他社の倉庫担当者と同様にその価値がわからない。私はそこにある在庫の絶版、品切、稀少本状況が大体わかっていたから、「こちらで販売しますから」と言って、全部仕入れてきて、店の棚にどんどん品出ししていったんです。

そうしたら、こちらは全集とちがって単品だから、さらに売れ行きはよかったですね。岩波書店にもない古書価の高い絶版本が旧定価ですぐに買えるわけですから。

―― そこで疑問に思うのはどの出版社も在庫一覧表で絶版、品切扱いにしてしまうと、客注に応じて探すこともせず、そのまま放っておいたという対応です。

すでに八〇年代半ばだったから、消費税の問題も含めて在庫管理やロジステックスの進化が見られて当然だったにもかかわらず、ほとんど旧態以前のままであったことを証明しているのでしょう。この状況の一端は田中の『どすこい出版流通』（ポット出版）にも書かれていますが。

今泉 だから口幅ったい言い方かもしれないけど、私が池袋に移り、様々なフェアなどの仕掛けを展開したことで、初めて書店の現場が出版社の営業のみならず、編集者や著者ともつながり、さらに倉庫の在庫までと結びつき、本を売ることの環境が有機的な広がりを持つに至ったのかもしれないですね。

―― 東京国際ブックフェアの時の記念復刊の企画も今泉さんが選書に協力したと聞いていますが。

今泉 『カフカ全集』『ジャン・ジュネ全集』『稲垣足穂作品集』（新潮社）、『イマージュの解剖学』『百頭女』（河出書房新社）、『モロイ』『最後の人』『ベルグソン全集』（白水社）等四十点くらいかな。ナボコフの『ヨーロッパ文学講義』とトゥルーミンの『ウィトゲンシュタインのウィーン』、これらは品切のままにしておくのは惜しいと思っていましたからね。でもあの頃は様々なフェアのたびに色々な相談やら、企画についての意見を求められるようになっていました。それらの復刻版は実際によく売れました。

当時の現代思想のタームを使えば、ツリーからリゾーム的なものへの転換が本を売ることを通じて、試みられていたと考えていいでしょうかね。

――それは取次も含めてということですね。

42 鈴木書店との取引開始

今泉　前にも話しましたが、最初は人文書の専門取次と鈴木書店の口座が開設できなかった。だから日販に全面的に依存したままだった。しかし問題があったのです。
――入荷が遅いんでしょう。
今泉　そうなんです。紀伊國屋や丸善、芳林堂や新栄堂は鈴木書店だから、新刊は出版社が搬入した当日に入荷してしまう。
ところが日販の場合、物流システムからして、王子の流通センターを経由して入ってくるので、二、三日は遅れてしまう。鈴木書店を取次としている書店であれば、新刊が金曜日に入るのに、当方は月曜日か火曜日になってしまう。これでは書店間入荷競争に負け続け、どうしてても勝てないということにもなる。金、土、日の三日間のロスは大きいですよ。

―― 確かにそうだ。それに新刊だけでなく、当時の鈴木書店の補充スピードは最速で、午前中に発注すれば、午後に入荷というのも可能だったから、グロスのスピードでいえば、日販と比べものにならなかった。

今泉 だから鈴木書店の社長のところへ直談判に行ったんです。小川さんを始め、みんなが反対した。最初に断られたから、恨みがあるわけですよ。それもあって、「独走するな」と止められてきましたが、最初は月五十万円の取引でいいからと強引に取引を決めてしまった。鈴木書店の出版社常備の棚を見て、補充スリップをこちらに回せば、ほぼ返品なしで最初の月からそのくらいの売上は十分に可能だと踏んでいましたから。

―― 鈴木書店との取引金額は見るみるうちに伸びた。

今泉 当然ですね。これで主要な人文書の入荷スピード問題は解決しましたね。それに鈴木書店の会長に感謝されましたよ。「今泉君のおかげで、売上が格段に伸びた」と。

―― その話で思い出したんだが、TRC（図書館流通センター）の一件を知っていますか。

今泉　いや、よく知りません。

――これもリブロの口座開設の問題ととてもよく似ていると思う。実はTRCが立ち上がった頃、メイン取次は太洋社だったわけだが、岩波書店を始めとする人文専門書のフォローは難しいし、入荷も遅いので、鈴木書店に人文専門書部門を引き受けてくれないかというフォローがなされた。

ところが当時まだTRCもスタートしたばかりで、今のように成長すると予想もできなかったこともあり、それを断わってしまった。

九〇年代になって鈴木書店の経営が苦しくなる一方だったのに、TRCは急成長を遂げた。それを見て、あの時TRCの口座を開いていれば、鈴木書店も何とかもう少し持ちこたえられたんじゃないかと思ったと、後に鈴木書店の人から聞かされました。

今泉　それは何とも残念なことですね。もし鈴木書店にTRCの口座があって、それなりの人文専門書だけでもかなりの取引高があり、大日本印刷絡みの再編まで何とか持ちこたえていれば、倒産を回避できたかもしれないのに。

――そう、もしTRCの売上があれば、大学生協の帳合変更による売上減もかなりカバーできたし、ＴＲＣの場合、返品率は書店や生協とは比べものにならないほど低いので、今しばらくの延命は可能だったように思う。

これは自分のことを考えてみてですが、その時の判断の難しさというものを思い知らされる。ちょっと話がそれてしまいました。出版社との営業や編集も含めた関係、取次とのことなども語ってもらいましたので、今度は著者たちとのエピソードもお願いします。

今泉　これも前に話したことですが、私は近代文学派や埴谷雄高の影響を受けてきました。それで一度友人に埴谷さんの所へ連れていってもらったところ、目の前で「自同律の不快」について話してくれました。これは忘れられない思い出です。

さすがに池袋にきてから訪ねていくことはなかったけど、学芸書林の『全集・現代文学の発見』で、『死霊』を読んだことは池袋店でのフェア棚づくりに根本的なところで反映されているような気がします。

43　吉本隆明のこと

今泉　それとやっぱり吉本隆明さんですね。学生時代から愛読していましたが、池袋に転勤になってから、吉本さんを訪ねるようになった。個人誌の『試行』を売らせてもらうこともあり、彼の話を聞きたかったから、よく出かけましたよ。

吉本さんにしても、埴谷さんと同様に自分の確固とした哲学を持っているから、どのようなテーマでもその場で語ることのできる思想家でした。本当に刺激を受けた。そのこともあって、リブロ主宰で数回にわたる講演会を企画したりもしました。

――『超西欧的まで』（弓立社）に収録されている「アジア的と西欧的」などの講演ですね。

今泉　吉本さんにその講演の謝礼として三十万円渡しました。そうしたら、吉本さんは驚いてしまい、「こんなにいただいていいの、自分はこれまでこんな大金を講演料でもらったことがない」と言うんです。確かに吉本さんは講演をかなりやっているけれど、鳴り物入りだったり、大企業主催だったりしたことはなく、大半がミニ講演会的で、主催者側も学生や組合だったことにあらためて気づいた。

『超西欧的まで』も講演集だけど、その他の主催者は大学、高校、労組、出版社、書店などで、いずれも小さな場所で開かれたとわかる。

だから吉本さんは二～三万円くらいの謝礼で講演を引き受け、出かけていったんじゃないかと思った。バブルの時代には著名作家や文化人だったら、百万円は下ることがなかったはずなのに、吉本さんはそんなバブルに目もくれず、淡々と安い謝礼で受けていて、そのような姿勢を貫いてきたんだと思うと感無量でしたね。講演内容もよかったし。

――『試行』のほうは毎号何部くらい売っていたのですか。

今泉 確か二、三百部仕入れ、完売していたと思います。

――とすれば、『試行』の特約店は全国で二十店ほどだったと思いますが、リブロ池袋店が最も多い部数を売っていた。

今泉 あの講演は八五年のはずだから、完全に客層も定着し、それが『試行』のような直販雑誌の売行部数にも反映し始めていたことを示していますね。

――著者と読者を書店がつなげる役目を果たすという理念が実を結びつつあったとも見るべきでしょうね。その他の著者たちとの関係はどうなっていましたか。

今泉 仕事が早く終わった日にはできるだけ著者に会うことにしていました。吉本隆明さんだけでなく、山口昌男、今村仁司、中沢新一さんたちともよく会っていました。

それに池袋店は立教大学に近いという地の利もあり、蓮實重彦、栗原彬、前田愛、宇野邦一などの先生たちもよく店にきていた。立ち話をするには書店は打ってつけの場所だから、よく話をうかがいました。

——最も印象に残っている先生というのは誰ですか。

今泉 吉本隆明さんは別格だけど、やっぱり高山宏さんかな。彼に最初に会いに行くと、喫茶店でコーヒー一杯で、六時間ほどずっと話してくれたんです。彼も私のことを知っているようでした。

二回目にあった時、前回の話の内容とその後考えたことを、リポート用紙に十枚以上書いてきて、それを渡してくれた。しかもその後話がまたもや六時間続いた。これが熱の入った面白い話で、まったく飽きることがない。

ヨーロッパ文化の万華鏡ですよ。アカデミズム仲間でも、弟子でもない一介の書店員に対して、ここまで本気で話してくれることに感動してしまった。その後もよく会ってました。私の書店大学ですよ。

44 「書物の磁場」としてのリブロ

——その他にも多くの作家や著者、翻訳者や大学教師たちとのつきあいも多彩で、色々と仄聞しています。

一方でフェアやイベントを仕掛けて読者を誘導し、またその一方でこのように著者や教師たちともふれ合うことで、リブロ池袋店はそれまでになかった「書物の磁場」めいた空間へと展開されていったと考えられる。

それらのことも含めてでしょうが、『セゾンの歴史』は西武百貨店や西友の文化・情報事業に関する言及の部分で、次のように述べています。


セゾングループにとっての文化事業として、株式会社リブロと株式会社リブロポートがある。リブロは、一九八五年に設立したセゾングループ内の書籍販売会社であり、リブロポートは一九七九年設立の出版事業会社で、歴史、文化人類学、経済学などの専門分野から美術、児童書など広い分野での出版活動を行なってきた。リブロの売上高は一九八八年度で一六六億円、三三店舗を有し、丸善、紀伊国屋書店、有隣堂につぐ書店小売業の第四位に成長した。両社とも、西武百貨店グループに所属していたが、八六年から八九年三月までは西友グループに所属した。

リブロが西武百貨店書籍売場として立ち上がったのが七五年、今泉さんが入社したのが七七年、前橋から池袋に移ってきたのが八二年だから、リブロはその間の十三年でほぼゼロからスタートして、丸善、紀伊國屋、有隣堂に次ぐ書店にまで成長してきたことになる。そして七九年に三百坪から五百坪への増床、その十年後の八九年に十一階から売場の大移動があり、SMA館（セゾン・ミュージアム・オブ・アート）地下一、二階というセゾン美術館と同居するかたちになった。

これをきっかけにして、それまで十一階で展開していた様々なフェアやイベント、棚づくりの仕上げの時期に入ったと見ていいですか。

今泉　それは私だけの問題ではなく、店舗レイアウト、書棚、売場の配置などのこれまでのリブロのDNAが総結集したと考えるべきですね。〔私は中国・ヨーロッパ・日本・イスラム等の文明史のBookインshop、また、十坪くらいのkeywordによる十軒くらいの本屋のストリート街（半年から一年度で内容を変更する）を作りたかった。①都会のオアシスとしてのBookセンター内を空調で上高地レベルにすること。②ニューヨーカーの書評に対して、リブロ・クリティックを創刊する。③ニューヨーク、ロンドン、パリなど特派員と契約し、世界の文化情報を顧客に提供する。――そのために数十人の学者・評論家を訪ねたり、勉強会を開催しました。しかし、結局予算の問題で実現できませんでした。私の理想の書店は夢に終わったのですよ。」

まず売場の配置ですが、地下一階に「ｌＰＯＳＴ」と称するアメリカ文化、文学に関連する棚、「ＣＯＮＣＯＲＤＩＡ」（コンコルディア）と題する世界の知の流れを示す人文思想とサイエンス書の棚、文芸書、専門書、それから通路を隔ててアール・ヴィヴァンと芸術書、詩のぽえむぱろうるとなっていた。

雑誌、実用書、文庫、新書、学参、児童書、コミックはエスカレーターを降りた地下二階だった。普通だったら、地下一階に雑誌や実用書を持ってくるでしょうし、いかに「人文書のリブロ」を前面に出していたかがわかるでしょう。

Ｂ１の正面に文芸・人文・美術が三位一体となった「書籍空間」を演出したいと考えました。売場を訪れた瞬間にリブロの個性を感じてほしいと思ったんです。

45 「ｌＰＯＳＴ」について

―― 明治通りから、あのカーブのある階段を降りていくと、リブロの一階の人文書の書店空間が出現する。そこは明治通りの雑踏とはまったく異なっていて、まさに吉本隆明の「異教の世界へおりてゆく」という詩のタイトルを思い浮かべたことがある。まず「-ＰＯＳＴ」という棚について話してくれませんか。

今泉 あれは十五坪くらいの狭いスペースだったんですが、現在の日本を考える意味で最も大きな問題がある「アメリカ」、及びハイフンにこめたこれからの関係と行方を象徴させようとしたんです。

右側の棚がアメリカ文学、左側の棚がアメリカ文化で、真ん中の平台が新刊とフェア用にあてられていた。ただ「アメリカ」と銘打つのは芸もないし、ストレートすぎて面白くないので、様々な含みももたせる意味で、「-ＰＯＳＴ」としたのです。

―― サリンジャーが亡くなり、日本でも『ライ麦畑でつかまえて』は早くから売れ、ベストセラーとなっていたという報道に終始していたけれど、七〇年代にはフランスに代表されるヨーロッパ文学のほうが優勢で、アメリカ文学はそれほどもてはやされていなかったと思います。

サリンジャーが売れていなかったとは言いませんが、アメリカ文学がせり上がってきたのは八〇年代になってからで、村上春樹のデビューと軌を一にしていると思う。

今泉 それに加えて、やはり八〇年代はジョン・バース、ピンチョン、バーセルミ、ホークス、アーヴィング、オブライエンなどの六〇年代〜七〇年代の作家たちが本格的に紹介されるようになってからでしょう。

彼らだけでなく、スティーヴン・キングのホラー小説、ヤングアダルト文学もカテゴリーとして八〇年代に成立したし、映画、音楽、芸術、写真といったすべてがヨーロッパからアメリカのほうに勢いが移った感じがありました。アメリカの新しいサブカルチャーがどっと押し寄せてきたんです。

―― 私のほうの文脈で言えば、東京ディズニーランドの開園が八三年だったから、それらの動向とパラレルなわけだ。

今泉 七〇年代とは異なる膨大な量のアメリカ文化に関する本が出版された。各出版社が競って出して、またそれらがそこそこ売れました。

今になって考えれば、アメリカによるグローバリゼーションの先駆けであったかもしれないし、それは現在アジア全体を席巻しつつある。そのような状況を背景にして、「-POST」が発想され、切り口次第でいくらでも多様な棚の表現ができるのです。

ポップ、ニューエイジ、ドラッグ、ベトナム戦争、ニュージャーナリズム、ホラー、カルト、インディアン、都市、ミステリー、とカレイドスコープ的に混沌としたアメリカに照明を当てることができましたね。

── 映画で思い出したけど、『イージー・ライダー』のデニス・ホッパーの自伝が出た時、彼のサイン会をやったそうですが。

今泉 あれは今でもよく思い出しますよ。

何番目かわからないが、若い奥さんを連れてきた。長身ですごいグラマー、金髪碧眼、ミニスカートで、サインをするホッパーの隣りに座って微笑んでいましたね。本当に目のやり場に困ったほどだった。それに日本人のライダーも押し寄せて大変でしたよ。

おそらくアメリカでは彼女みたいな女性をとっかえひっかえパートナーにするのがステイタス・シンボルなんだろうな。そう感じると、アメリカのハリウッドのセレブリティ社会の一端が覗けたように思えて、本とは異なるアメリカを身近に味わった気にさせられました。そのホッパーも最近亡くなってしまった。

── それは得難い体験でしたね。売場移動の前年にニューヨークの書店見学に出かけたが、得るところはほとんどなかったことに比べ、さぞかし強烈な印象だったことになる。

今泉 それこそアメリカのカルチャーの裏側の生々しい体験だったかもしれないですね。

46 「CONCORDIA」について

――次に人文思想書の「CONCORDIA」で、ここに出たばかりの平凡社の『西洋思想大事典』全五巻がまさに鎮座していて、この棚を象徴しているような印象を覚えたことがあります。

今泉　私たちはこの棚の狙いを「世界の知の流れ」を立体的に表現することに置いていた。その発想はアメリカの思想史家ラヴジョイの『存在の大いなる連鎖』（晶文社）から得たものでした。この『西洋思想大事典』もラヴジョイの発想をベースにして編まれたものだと思う。ヒストリー・オブ・アイディア（観念史派）ですね。

――ということは「CONCORDIA」の棚そのものが『西洋思想大事典』のような試みだったのですか。

今泉　あの「CONCORDIA」の山型什器は中村文孝が考えたもので、彼は上下左右の棚が関連し合って、社会や歴史や思想やサイエンスが表現できるリゾーム的空間を創出する意図を含ませていた。それで三角形の書棚があり、「知の山」を示すつもりもあったようです。

――彼の「知の山」に対して、あなたは「知の流れ」を示そうとした。

今泉 まあ、そういうことになるのかな。それだけではありませんが……。中村は優秀で、棚設計のアイデアは面白かったけど、実際には使い勝手が悪かったし、本の収容力が少ないという弱点があったことも否定できなかった。もちろん予算の制約があったからですが。

高価な什器だったし、「世界の知の流れ」を示す舞台としてはふさわしいもので、それを表現しようとして試行錯誤を繰り返しながら、ハイデッガーの「世界―内―存在」ではないですが、「棚―中―フェア」もよくやりましたね。

科学関連のフェアも展開しましたよ。

ここら辺の詳しい事情は話しているときりがないから、ぜひラヴジョイの『存在の大いなる連鎖』を読んでほしい。そうすると、「ＣＯＮＣＯＲＤＩＡ」、『存在の大いなる連鎖』、『西洋思想大事典』の三位一体性というか、共通する問題提起を理解してもらえると思う。

47　様々なブックフェア

――これが究極の「今泉棚」に映りましたが、最も記憶に残っているフェアは。

今泉　それは「思想としてのキリスト教」かな。でも数百分の一つですよ。プラトンとアリストテレスの流れに加え、もうひとつの水脈として、キリスト教という宗教大河がある。これにも正統的系譜の裏にはプロティノスの神秘主義思想があって、カバラなどのユダヤ思想とつながっている。

この関係がわからないとヨーロッパ思想史も理解できないでしょう。現代思想の源泉のひとつはここに見出される。だから正統キリスト教史に神秘主義を配置する必要があるんですよ。

キリスト教の奥は深いし、ヤコブ・ベーメやエックハルトの問題もそこから出てくるのですから。

まあ、棚にそのような説明を加えたわけではないし、せいぜい人名キーワードをそえたぐらいでしたから、私の意図するところがどれだけ伝わったかわからないけど。

――でもよく売れていたようですが。

今泉　そうなんです。訳のわからない棚だとクレームをつけられたことはなかった。足かけ十年近くそのような分野の本を文学や歴史の棚でも売り続けてきたんです。それこそ「大いなる連鎖」がまがりなりに形成されていて、売れたんだと思います。

――あの棚は全部で八面あって、今挙げたキリスト教、神秘主義、プラトン、アリストテレス関連の他に、社会学や政治学や文学さらに科学、環境、システム論も含まれていた。

今泉　前に話したＫｅｙ Ｗｏｒｄ（コンセプト）、Ｋｅｙ Ｐｅｒｓｏｎ（人物）、Ｋｅｙ Ｂｏｏｋ（文献）をベースにして、キーワードを二、三十ほど並べ、チャートを作って、毎月棚をいじっては変え、特集、イベントを組んでいったんです。

ありとあらゆるテーマを考えましたね。

全部は覚えていないけど、記憶に残っているものだけでも挙げれば、「ヨーロッパ中世の光と闇」、「一九三〇年代」、「アンチ・ユートピア」、「権力」、「イメージ」、「消費社会」、「イタリア未来派」、「日本―その秘められた史層を掘る」、「現代知の海図」、「フォークロアと文学」、「ユダヤ的知性」、「同性愛」、「ファム・ファタール『宿命の女』」、「ナショナリズム」

などの特集がある。「インスタレーション」なんかもやりましたね。

やっているうちに固定客がついてきて、それなりのブランドに育ったという思いもあった。これらのうちの「権力、イメージ、消費社会」「イタリア未来派」「日本―その秘められた史層を掘る」「現代知の海図」は目録が出てきたので、そのうちの「現代知の海図」の目録を巻末に折り込んで掲載しておきます。

しょっちゅう棚を工夫し、編集者や著者にも会っていました。毎月特集を組むことは大変でしたが、エキサイティングな日々でした。今になって考えても、当時の四、五年ほどの濃密な時間は信じられないような気がしますね。

――「ーPOST」や「CONCORDIA」の他にも様々なフェアとイベントを仕掛けてきたわけですが、最も印象に残っているものは何ですか。

48 「日本精神史の深層」フェア

今泉 それは何といっても「日本精神史の深層」フェアと、スタジオ200でのシンポジウムですかね。古典を通して日本の精神史と国家のあり方を見直すことがテーマで、網野善彦、上野千鶴子、藤井貞和、山口昌男、宮田登さんたちに、それぞれ推薦する本を出してもらい、それを一覧にしたパンフレットを作りました。

―― 確かものすごく売れたと聞きましたが。

今泉 売れましたね。五坪ほどのフェアスペースで、堅い専門書ばかりだったにもかかわらず、一ヵ月のフェアで二千冊以上売れたんです。

アメリカやヨーロッパ関係だけでなく、日本に関するフェアも用意周到にやれば、きっちり売れるという感触もつかみました。

―― 少し話がずれますけど、それがきっかけとなって仏教書の棚を宗派別ではなく、唯識や華厳や空などといったキーワード別分類を試みるようになったわけですね。

今泉 しばらく後のことになりますけどね。やはりこのメンバーによって選ばれた本の組み合わせが新たな見直しを自ずと示してくれたから、それが仏教書にも当てはまるんじゃないかと思ったんです。

―― なるほど。ところでシンポジウムのほうは根回しというか調整に手間どられたそうですが。

今泉 実はこれには前史めいたものがあって、八七年に当時『マリ・クレール』の副編集長だった安原顕さんとの協同企画で、蓮實重彦と武満徹、網野善彦と中沢新一、高橋源一郎と吉本ばななによる三日間にわたる連続対談をやったんです。

その時の網野さんの話を聞いて、一度は日本精神史をやろうと思いました。彼の『無縁・公界・楽』（平凡社）、『異形の王権』（平凡社）も読んでいたし。でも、もう一度中沢新一さんとやっても、叔父と甥の関係もあるし、新味がない。

そこで上野千鶴子さんはどうだろうかと考えたのです。ニューアカデミズム陣営のフェミニズムの女性と彼の組み合わせは異色だし、スリリングな展開になると思った。しかし網野さんは真面目な学者ですから、上野さんのデビュー作『セクシィ・ギャルの大研究』のイメージが強かったらしく、無理もないですが。乗り気でなかった。そこで私は彼女が歴史にも人類学にも深い知識があり、幅広い教養の持ち主だと、網野さんに会って説得したんです。

ただいきなり一緒に舞台に上がってシンポジウムというわけにもいかないので、前日に会ってもらって、議論を深めた上でシンポジウムにのぞむ段取りを整えました。そうしたら何のことはない二人は話が弾んで、二日連続のシンポジウムは好評のうちに終えることができました。

――そのシンポジウムを基にして、春秋社から『日本王権論』が出ることになった。

今泉 天皇制、国家のあり方、古事記の読み方から密教や修験道の話にまで及び、この二日間は組み合わせの異色さもあり、話も多様な展開を示し、とても刺激的でした。私と同じ刺激をシンポジウムを聞いた人たちも受けたんじゃないかな。だから本になるのも自然の成り行きだったんですね。

シンポジウム会場のスタジオ２００は、百貨店の劇場兼多目的ホールとされていましたが、主要なブックフェアの際には講演会などのイベント会場としても使用し、前に言った吉本さんの講演もそこで行いました。そのためにパフォーマンス効果も高く、本になったり雑誌に掲載されたりして、リブロの本を売るだけではない文化活動の一環を知らしめたんじゃないかな。

――その他にも本を売ることに関して、語るべきエピソードはありますか。

49 『悪魔の詩』の販売

今泉 それはサルマン・ラシュディの『悪魔の詩』（新泉社）でしょうね。イスラム教への冒瀆問題で、イギリスにいた著者のラシュディは命を狙われ、身を隠さざるをえなかった。日本では訳者の五十嵐一さんが筑波大学で殺されてしまった。

――その時、筑波大学にいた人を知っているけど、事件時に近くの研究室にいて、疑われたと言ってました。あの事件の犯人は判明しておらず、迷宮入りのようなかたちになっていますが、警察は当初翻訳のせいで殺されたという視点はまったくなく、大学内怨恨説一色に染まったため、初動捜査を間違えてしまったとも聞いています。

今泉 小川さんも似たようなもので、「今泉、売れ！ 言論の自由を守れ！」の一本槍だった。本当に人の気も知らないで。もっとも新泉社の社長の小汀さんも能天気に構えていたらしいから、連絡しあっていたのかもしれない。あとになって、小汀さんに私服の警備がついていたのを聞いてびっくりしましたけど。

それで他の書店は『悪魔の詩』を店頭から引っこめてしまい、大型書店で売っていたのはリブロだけだった。百貨店にも脅迫電話が入ってきましたね。

そんな中で売り続け、私は何かあったらすぐに対処するつもりで、毎日売場の入口に立っていたんです。言論の自由を守ることの大変さを身を持って知ったわけですよ。でもヨーロッパで吹き荒れた宗教迫害などに比べれば、何ほどでもないと思って、やりすごしました。

ところが、この宗教絡みの販売問題はまだ続編があります。オウム事件の時も最後までオウムの出版物を売っていた。するとどこかのラジオ局がオウムの本をリブロがまだ売っていると報道したので、百貨店に抗議の電話が殺到してしまった。さすがに今度という今度は販売を止めるしかなかった。これも宗教と事件が絡むと、本を売ることも難しくなるという実例だと思いました。ヨーロッパの魔女狩りほどではありませんが。

「思想としてのキリスト教」なんていうフェアをやり、このような体験を重ねてみると、宗教書を書くこと、出版すること、売ることも、大変な苦難の道をたどってきたんだと改めて実感できました。それこそ王権と宗教をめぐっての問題まで想起してしまった。

それが、このふたつの事件から学んだことなのかもしれません。

第Ⅴ部

50　リブロ池袋の売上と入荷量

——さてこれまで主として、リブロの通史、ブックフェア、イベントなどの話をうかがってきたわけですが、もう少し踏みこんで、具体的な今泉さんの立場の推移、売上状況、百貨店とリブロの関係などを話していただけませんか。

あなたは一九八二年に池袋店に移り、九三年まで在籍していて、係長から店長になっています。そして九三年に部下だった田口さんに店長をバトンタッチし、本部に所属することになります。

その間のリブロの売上高ですが、八八年には売上高一六六億円、九五年には同三三九億円で、まったく順調な伸びを示し、今泉さんの仕事に代表されるフェア、イベントなどの戦略が功を奏し、数字となって表われていると判断できる。

それで単刀直入に聞きますが、池袋店の売上は具体的にどうだったのでしょうか。

今泉　今のリブロはまったく別会社になってしまっているから、言ってもかまわないでしょう。最盛期の日商は二千万円を超えていた日もありました。一日一坪三万の売上です。

―― それはすごい。とすると月商は五億円と見ていいですね。紀伊國屋の梅田店の全盛期の売上が七億円ぐらいだと聞いたことがあります。ただ池袋店の場合、雑誌比率は五％ほどで、後は全部書籍ですから、店売で最も書籍を売っていた全国一の書店と位置づけることもできたことになる。

今泉 ただこの金額の書籍を売るようになると、毎日が戦場のような状態を迎えてしまいます。取次のダンボール一箱に五万円分の本が入っているとすれば、実売だけで四百箱分が毎日売れていった計算です。だから新刊、補充分、雑誌、コミックを合わせれば、毎日千箱以上が入荷してくる状況になる。日曜日の入荷はないわけですから、新刊が集中してしまう月末はとんでもない量の入荷がある。それに常備などの入れ替えもあるから、本の山との戦闘の日々でした。

―― 確かに想像を絶しますね。つまり西部劇にたとえれば、最初は『荒野の決闘』のように予測しているほどしか弾は飛ばないのに、『ワイルドバンチ』状態になってしまい、とんでもなく大量に弾が飛び散る世界へと移行してしまったような感じかな。

今泉 肉弾戦ですよ。本当にそんな感じです。そうなってくると、八〇年代半ばの頃と売場環境がまったく変わってしまった。客単価を千円前後とすれば、実売客だけで一日二万人ですから、レジの混雑も大変なもの。特に夕方はとんでもなく大変でしたね。手作りの棚から始めて、色んなフェアやイベントを仕掛け、ここまで売れる店になったという実感はあったにしても、それまで読者を客層としていたのが、群衆を相手にしているという感も無きにしもあらずでした。

キディランドや前橋時代のように、お客さんと話をすることなど不可能になってしまった。かつて売場ではお客と知り合い、友人となり、四〇年間にわたって今でも交流している人たちも何人かいるのに、そんな時代が終わったのだとも思いましたね。

――それはバブルの時代と重なっていたんでしょうが、やはりリースマンの本のタイトルにある『群衆の顔』（サイマル出版会）によって客層が形成され、読者の顔が見えなくなり始めたことの予兆だったような気もしますが……。

そしてそれが九〇年代から始まるベストセラーの短期のミリオンセラー化、「ハリー・ポッター」や『1Q84』の発売をめぐる騒ぎとなって具体的に現実化したと思う。個の営みでしかない読書が群衆的消費イベントの中に呑みこまれてしまうという現象の常態化です。

今泉　私もそれを感じていたけど、そうなると自分がこれまで売ってきた本はきちんと読まれたのか、という問いも否応なく浮かんできました。『アンチ・オイディプス』や『ゲーデル、エッシャー、バッハ』も大量に売った。でも本当に読まれたのかという思いですね。『構造と力』や『チベットのモーツァルト』も同様で、その後のことも気にかかっていました。浅田彰さんの日本の王権へのセンスの欠除、中沢新一さんとオウム真理教との関係なども、大量に彼らの本を売ってきた身にすれば、無関心でもいられない。売ってきた「思想」の行方と有効性の問題に関連するのですから。

——それはもちろんそうだが、そこまで考えずに高価な現代思想の翻訳書が飛ぶように売れた最後の時代の演出者の一人であり、またその最も身近な目撃者だったという立場が重要だったんじゃないかな。

今泉さんはヨーロッパの「観念の歴史」にとても深入りし、知の流れの「大いなる連鎖」にこだわりすぎているようにも見えます。でもこの問題を日本の近代出版業界の歴史と絡めて話していくと、それだけで一冊の本が必要となるので、これ以上言及しません。それよりも立場による変化も生じたでしょうから、そちらの問題に移りましょう。

51　百貨店と書店の関係

今泉　これは説明するまでもないけれど、店長になってしまうと、それまでのフェアやイベントに向けていたエネルギーを、店舗運営やスタッフを育てることに注がなければならないし、前よりも部下に対してうるさくなっていたと思います。

それにもまして問題なのは百貨店との関係の前面に立つようになったことです。

――具体的に説明してくれませんか。

今泉　まず当然ですが百貨店というのはコストが高い。一等地にあるから、地代にしても固定資産税にしても高い。だから、それにふさわしく利益率も高くないと、百貨店はやっていけない。その利益率の高い商品はアパレルで、ほとんどの利益はアパレルが上げているというのが百貨店の現実です。

デパ地下のことがよく話題になりますが、いくら食品が売れても、百貨店は成り立たない。アパレルのような利幅が大きい高単価商品が売れなければ、とてもやっていけないのです。百貨店の利益構造はそうなっているのだから、アパレルが売れなくなれば、百貨店はだめになってしまう。

――日本の大半の百貨店の前身は呉服店だから、その利益構造をベースにして運営されてきたことになるのですね。ゾラの『ボヌール・デ・ダム百貨店』（論創社）だってアパレルで稼いでいた。

今泉 私が入った頃にはすでにそれが衰退期に入っていた。まして今やユニクロとしまむらの全盛の時代を迎えているのだから、百貨店が落ちこんだというのは当たり前のことです。

その百貨店の中で書店をやるという現実と絶えず直面しなければならなかった。書店の顧客動員力は百貨店に大きく寄与していただろうし、客の売場内滞留密度はいつもトップにあったたし、十一階にあった頃は「シャワー効果」だって、相当期待できたのですから。

――実売客だけで一日二万人といったら、他の売場では考えられない数字でしょう。

今泉 そうなんですが、もうひとつ説明しておくと、百貨店の運営方式は商品と販売員を百貨店が持つ形態と、取引先がそれらを持つ形態にわかれる。

後者はよく百貨店は場所貸し業だと言われる形態で、百貨店にとっては資金繰り、在庫、人件費などのリスクもなく、売上高に応じた歩合を得ることができる。これは百貨店内テナントとも呼ばれている。

それに対して書籍売場は前者にあたり、百貨店が自営し、膨大な在庫を抱え、また仕事がら人手もかかるし、多くの販売員を必要とするものなので、百貨店から見れば、最初からまともな商売と見られていなかった。

前に煙草売場より利益率が低いと言われたことも話しましたが、さらに本は単価が安く、百貨店の基準からすれば、こちらも落第ということなんです。

――でも池袋店単独では黒字になっていたのでしょう。

今泉　それでも百貨店にしてみれば、満足のゆく数字ではなかった。本店は支店の赤字をカバーしなければなりませんから。だから百貨店は書籍売場に対して、他の売場と同様に絶えず厳しい数字を要求してきました。

毎月の売上、在庫、差益高、差益率という月次決算を求められる。在庫予算が未達成の場合にはその対策も問われる。毎月毎月その繰り返しでしたね。数字が残せなければ、たちまち飛ばされることにもなる。いくらでも代わりの人材はいると思っていますから。

――それは浅田彰が『構造と力』の中で言っている近代のモデルとしての「第二の教室」に似ている。「第一の教室」では監督が前からにらみをきかせているが、「第二の教室」

では後ろから見張っているというシステムと。まあ、確かに百貨店も近代に始まったものだから、当たり前なのかもしれない。

でも達成できる売場ばかりでもないでしょう。毎月達成できれば、何の苦労もいらないわけだから。

今泉 だから年間を何勝何敗でいくかになる。年間を六勝六敗で、最終的にオーバーしていれば、何とかクリアーだとなる。ただ三、四ヵ月連続して予算にいかなければ、検討会が開かれる。店長、部長、役員が並んで、まさに査問されるわけですよ。私はそういう厳しい流通の最前線にさらされる現場に十年以上いました。

どうしてそれに耐えられたかと言えば、浪人、大学の六年間で鍛えられた議論の積み重ねにあると思っています。とにかく何を言われても、突つかれても、論を切り返し、納得させるところまでプランを展開していかなければなりません。

要するに言い訳名人になることが必要なんです。それでいつも切り抜けてきた。他の売場の気の弱い人なんて、追いつめられてノイローゼになり自殺する人もいたという話を聞いたぐらいですから。流通の最前線にいることは、はたから見るよりもずっと厳しいものなんですよ。

52　万引問題「棚不足」検討会

――それに万引問題も加わるわけでしょう。

今泉　これは正直言って悩みの種でしたね。フェアやイベントによって色々な読者を一度は来店させるつもりでやってきたし、それに伴って人文書を始めとする品揃えはかつてないレベルに達していたと思う。

その結果、当然のことではあるにしても、高価な本も多くなり、多くの万引犯、万引予備軍を呼び寄せてしまったような状況になってしまった。

万引きで困ることは、商品ロスだけではなくて、例えば定価三千円で年間六回転する商品が消えるとロス三千円、年間売上一万八千円がマイナスになります。このような本が年間百〜二百冊発生すれば大きなダメージを受けるのですよ。ですから私達は絶えず商品チェックを行うのです。

ベテランであればA・Bランクの商品は棚を見ただけでわからないと通用しませんね。一番怖いのは、読者の信頼を失うことです。こんな本もないのかと思われるのは一番つらいですから。「流行と不易」の意味はここにあるのです。

――千客万来ではあって、ありがたいけれども、万引も山のように押し寄せてきた。

今泉 そう、まずは書店専門のプロで、やられるのは高価な専門書と辞典で、ごそっとなくなる。その頃、神田の古本屋が大量の万引本を買っていると報道されたことがありました。

だからプロの連中はそういった古本屋が好みそうな本を万引し、持ちこんで売っているのだとわかる。古本屋によっては万引本だとわかっているから、買いたたくこともできるわけです。

万引の常習犯だけでどれだけいたかわからない。ほとんどの人は住所不定で、サウナとかに泊まり込んでいる人が多かったですよ。明らかに悪質なプロなので、警察に引き渡し、起訴され服役しても、また万引にやってくる。なぜならば、彼らの生活は本の万引によって成り立っているから。

その他にも大学教授から役人、大手企業のサラリーマンからフリーターに至るまで、とにかくありとあらゆる職業の連中が毎日捕まりました。万引のことばかり気にしていると仕事にならないので、私服の万引専門ガードマンを雇うことになったんです。

池袋店では、まだ子供によるコミックの万引がそれほどでもなかったことが救いです。

――その下地があって、ブックオフが万引を誘発する原因だというキャンペーンが張られるようになったとの推測もできますね。八〇年代から書店は大型化し、それでいて書店員は少なくなり、長時間営業になった。そのためにかつてなく万引の被害が多発するようになった。それで怒りの矛先がブックオフに向けられた。

今泉　池袋店ではガードマンを雇ったけれど、普通の書店ではそうはできないから、監視カメラが設置されるようになり、今度は「第三の教室」的ポストモダンの監視が常態化してしまったんです。それも万引が多発するようになった書店やスーパーから始められたとも考えられますね。

これも別の話になってしまうので、元に戻すと、万引が「棚不足」という問題を起こしてしまう。

――さっき月次決算と言われましたが、棚卸は毎月はやりませんよね。

今泉　売場在庫の数と定価を実際に数えて確認し、帳簿上の在庫数字と照らし合わせる棚卸は年二回です。そうするとかならず帳簿在庫に対して、実在の在庫が足りない。書籍売場の「棚不足」は百貨店内の売場の最悪のひとつに数えられた。つまり商品管理がなっていないという烙印を押され、それが常態化してしまった。

――するとまたしても査問委員会ということになりますか。

今泉「棚不足」検討会に召喚される常連メンバーでしたよ。何度呼ばれたかわからないほどでしたね。原因と対策のレポートを毎回提出し、説明するんです。

他の売場も万引はあったにしても、書籍売場ほどそれこそ万遍なく万引が起きているわけではない。それに他の部門では業者と打ち合わせて、多少のロスは業者負担にさせていた所もありましたから。

最初のうちは検討会も書籍売場の商品管理が悪い、社員教育が悪いからだと思っていたようですね。ですが、毎日のように捕まる万引犯の実態を知るにつれて、諦めムードになり、検討会も儀式にすぎない感じになってきてしまった。

書籍売場には万引がつきものだとわかったのでしょう。これも例の議論の賜物であったにしても。

――それは意外と物分かりがよかった。

53　セゾングループと「大きな物語」の終焉

今泉　でも私はそれが曲者だとにらんでいました。厳しい流通の最前線と何度も言いましたけれど、そのままですませるはずがないとも思っていました。

前に『セゾンの歴史』を引用してくれましたね。そこでリブロは百貨店グループに属していたが、八五年に株式会社リブロとなり、八六年から八九年にかけて、西友グループに属したと書かれています。

はっきり言って、ここで百貨店から切られたんだと思う。自前で膨大な在庫を抱え、社員も多く必要とする書籍売場、それでいて利益率は低く、さらに万引率も最悪ときている。正常な百貨店の検討会の立場からすれば、そんな業態は自分のところで囲わず、外に放り出したいのは自明のことでしょう。

それは出版社のリブロポートも同様だったと思います。これらが小川・堤間の話で決められたにしてもですよ。

それでもこの時代はまだ売上も伸びていたし、バブルの時代も続いていた。それに堤清二の庇護の下にあったから、リブロとなってもそれなりにサバイバルしていましたが、私としては必ず終焉の時はやってくると考えていました。

――百貨店が衰退過程に入っているという認識、及び現行の出版物の利益構造からいって、両者のバランスシートは正常に保たれておらず、いずれ行き詰まるという分析ですね。

今泉 そう考えるしかないわけですよ。百貨店と書店のアンバランスさの解消は無理だと。それでもセゾングループが抱える余裕がある間はいいにしても。三越や高島屋にまともな書籍売場はないでしょう。

――その一方で今泉さんは現場を離れ、本部へと移動する。その間は主としてどのような仕事を担当することになったのですか。

今泉 本部のブロック部長ということで、全国のリブロ回りを始めたわけです。もちろん札幌、函館、郡山、前橋、浜松、梅田、つかしんとか、色々と出かけて行きました。もちろん関東の池袋、渋谷、船橋、筑波なども含めて。

――前橋時代からすでに十年以上経っていたわけですが、印象はどうでしたか。

今泉 十年間以上、池袋店に張りつき、現場一本槍でやってきましたから、最初のうちは地方回りは面白かった。北海道は寒い頃に行ったんで、夏にくれば快適じゃないかと思ったりして。

でも、そのうちに西武百貨店にもバブル崩壊が押し寄せ、撤退するところも出てきた。そうすると地方回りも会社の整理といった事情も絡んできて、やはり後ろ向きの仕事が増えていったんです。自分には上昇志向もないし、このような仕事は向いていないと思い始めてもいました。

だからこのあたりでもう語るべき事柄は少なくなってしまった。リオタールじゃないけど、「大きな物語」が終わってしまったという気分にもなっていたんです。

――その頃からリブロも変わり始めていった。バブル崩壊とともに堤清二が進めてきた文化事業もセゾングループも終焉の時期を迎えていた。それは堤と二人三脚で進んできた小川道明の問題でもあった。

今泉　小川さんは、堤さんにとってのほとんど趣味のような存在だったから、堤さんが力を失えば、小川さんも同じ立場に追いやられる。堤さんによって「文化」で優遇されていたわけだから、その反動は厳しいものがあり、小川さんが追いつめられていくのを、身近に感じていました。

百貨店から「もっと家賃を出せ」というような要求までつきつけられるようになったのですから。

―― それはたまらない。さもなければ、整理撤退せよと言われているようなものだ。それらの背景を少し説明しておきます。

西武百貨店と同様に西友も経営不振となり、リブロの筆頭株主、つまり親会社はコンビニのファミリーマートに移り、小川道明は引退する状況の中にあった。それは九四年で、翌年早々にファミリーマートの常務が新たな社長に就任することになった。

今泉　西武百貨店、及び西友とリブロのバランスシートも正常に保たれていないのに、コンビニのファミリーマートとでは相性が悪いどころか、水と油でとてもやっていけるわけがないと思いましたね。それで新社長と対立することになってしまいました。

新社長はコンビニ出身ですから、コンビニクラスの店舗展開を考えていましたが、私は反対でした。店長会で全員の前で「今泉やめろ」と罵倒されたこともありましたね。

私はリブロらしさを出すために、ある程度大型店でなければ勝算がないと思っていたのです。その頃文教堂が注目されていましたけど、いずれ行き詰まると思っていました。その後、社長の方針は失敗して、方向転換をしましたが、新システムの導入などでリブロはずいぶん資金をムダに捨てたと思います。

――コンビニこそは均一的なチェーンオペレーションによって稼動することをめざすシステムだから、多品種少量販売という本の性格と文化の多様性を志向するリブロとは正反対の構造になっている。何とも皮肉なことではあるが。

54　リブロの消滅

――後でもう一度ふれるよりも、今世紀に入ってからのリブロの動きについても言及しておきましょう。そしてさらに九九年に筆頭株主は同じセゾングループのパルコに移り、パルコは〇一年からセゾングループから離れ、森トラストの子会社となった。その間に傘下の事業を売却、清算してきた。

そうした流れの中で、〇三年店舗数五九、売上高二三九億円のリブロは日販に買収されることになり、現在でもリブロは続いていますが、まったくの別会社になってしまった。

これがその後のリブロがたどった道筋です。かつてのリブロは消滅したともいえる。

そして当然のことながら、リブロポートもセゾン美術館もアール・ヴィヴァンもなくなってしまった。

私は九五年に本部にいったことがあるが、あなたはいなくて、中村、山西両氏がいた。でも会社の雰囲気がまったく変わっていて、もはやリブロとも思えず、二人も明らかに元気がなかった。ひとつの時代が終わってしまったんだと実感しましたよ。

今泉　私が補足するまでもなく、状況のアウトラインを説明してくれたので、それらの事情についてはもう付け加えません。個々のことを言えば、きりもないし、私も含めてリブロのスタッフ全員がこれからどうするかを考えざるをえない状況に追いやられたのです。小川さんを先頭にして。

――その小川さんも九五年にリブロを去り、翌年の十二月に亡くなってしまう。今泉さんもリブロを辞めて、あの前橋の煥乎堂に移り、中村、田口両氏も九七年にジュンク堂に転職し、それこそあのリブロの時代も終わりを告げたことになる。

今泉　今になってはっきり見えてきたけれど、私がリブロにいた時期こそは本当に奇妙な時代だったのかもしれない。

バブルの時代だと片づけることは簡単ですが、それがリブロの時代であったと考えると、文化の享受の条件がバブル的富の出現とそのバタイユ的蕩尽とセットになって出現したのは明らかですね。少なくとも清貧の思想なんか関係ないと思います。

ひょっとするとあの時代は戦後に蓄積されてきた様々な過剰性が社会の全面に露出してしまった時期だったのかもしれない。

あるロックミュージシャンが六〇年代後半になると、あふれんばかりにメロディと歌詞が押し寄せてきて、いくらでも曲が作れた。それは自分だけでなくて、周囲の連中も同じだったと語っていたのを聞いたことがありますが、そのような時代はあるものだと思う。

私が池袋リブロで、もはや覚えていないほどのフェアやイベントを次々とできたのも、それまでに戦後の出版物の蓄積があり、また同時代に現代思想を始めとする様々な人文書が出版されたからです。

それに堤清二と小川道明の文化路線が結びつき、池袋という舞台が提供されて実現した。これは「大いなる連鎖」ではなく、「小さな連鎖」にすぎないにしても、日本ではそれまで実現できなかった試みだったかもしれませんね。たとえそれが試行錯誤の歴史で、最後には消滅してしまう運命をたどってしまっても。

確かに実体としては消滅してしまったが、「小さな連鎖」は続いて、それがまたどこかに見出されるかもしれないと思うようになりました。

55 「今泉棚」の可能性

――私も最後にそう言おうと考えていた。

今回のインタビューの目的はあなたの本に関する個人史から始まって、リブロ時代までのことに限定していますので、焕乎堂、平安堂と続いていく今泉さんの書店史は別の機会にゆずることにしてうかがいませんが、知の流れの連鎖も続いていったはずですし、それが時代とともにどのように進んでいったかはとても興味深い。

それに今泉さんの企画したフェアやイベントはこれまでになかったもので、読者ばかりか、著者や編集者までを広範に取りこんでいて、その連鎖は出版業界やアカデミズムまでフィードバックされたはずだ。

また私は「今泉棚」のファンだったという人たちを何人も知っている。彼らはリブロの時代に高校生で高い本は買えなかったが、現代思想や本を通じての最新流行を知るために、定期的に訪れていたと言います。彼らの言によると、池袋店は輝いて見えたとのことです。そして現在彼らの多くも本に携わる仕事についています。

だからきっと池袋リブロはレモンは仕掛けられなかったにしても、多くの梶井基次郎のような読者を生み出したのにちがいなく、かつての丸善のような役割を果たしていたんだと思う。

今泉　それはほめすぎですよ。

――いや、そうではない。想像する以上に書店というトポスは重要な役割を果たしてきたんじゃないだろうか。

例えば、あなたが前橋に「まれびと」のように現われて、前橋店を中心にして、文化人ネットワークを創出した。地方において、私は何人かの作家がいるよりも、人文書や文芸書が揃った書店があるほうが文化的貢献に役立つと思っているが、今泉さんはそれを実践したんだ。

きっとあなたと前橋店の時代は神話的なエピソードに包まれているかもしれないし、周囲の人々にもたらした影響も大きいんじゃないだろうか。だってそうでなければ、かつてのライバル店の煥乎堂へ移ることなんかありえなかったでしょう。

それからもうひとつ言いますと、かつての出版業界は共同体だったが、現在の出版業界はもはや共同体ではなくなってしまった。それにつれて本をめぐる共同体というのもどこにあるのかわからなくなってしまった。なくなってしまうとよくわかるけれど、リブロのような書店群は本と文化の共同体、つまり「想像の共同体」を体現しようとしていた。

今泉　ベネディクト・アンダーソンの『想像の共同体』も、まさにリブロポートから出された一冊でしたね。『想像の共同体』こそがアーサー・O・ラヴジョイの『存在の大いなる連鎖』をも支えているものだから、リブロの時代はそれらの表象でもあったと考えれば、何とも幸福な気分になります。今、書店員としての自分を振り返ってみると、反省することばかりですけど、多くの友人・同僚・スタッフと充実した時間を共有できたことが、一番の宝物ですね。感謝、感謝ですよ。

――　ここでオチもつきましたので、インタビューを終わりとします。その他にもうかがいたいこと、また聞きもらしたこと、リブロのスタッフとその行方など多くのことを残してしまいましたが、今回の目的は今泉さんの読書史からリブロの時代にしぼりましたので、またの機会にゆずりたいと思います。

今泉さん、長い間話をうかがわせていただき、本当に有難うございました。

あとがき

小田さんとは二十年くらい会っていなかったのですが、インタビューをしたいと言うことで、軽いノリで長野に来ていただくことをＯＫしたのです。平安堂のカフェで四、五時間放談会をしたのが、この記録です。これといった準備もせず、テーマやコード進行もなく、アドリブ一発録りです。このような展開となって、私自身驚いています。コルトレーンの「神の園」にも似て混沌極まりなしとおもっていたところ、小田さんが私の宇宙遊泳をなんとか形にしてくれました。感謝！

書店の将来を思うと明るい展望は見えません。本の好きな友人は、本は骨董になればいいのさ、と簡単に言ってのけました。

しかし、本がある限り、書店もまた不滅であってほしい。

私の宝である六〇年代のギブソンやセルマーのマーク６の音は、最新の楽器など足もとに及ばぬ「サウンド」を発しています。私の経験がそれに匹敵するとはとても思いませんが、この本が現役の書店人のいい「味」を出す基に、少しでも役立てばこれ以上の喜びはありません。

まとめてくれた小田光雄氏、出版に踏みきっていただいた森下紀夫氏に感謝し、論創社にご負担がかからぬことを祈るのみです。

二〇一〇年七月

今泉　正光

【参考資料】――

全集・現代文学の発見　学芸書林　全16巻別巻1巻　昭和42年11月〜44年4月

第1巻　最初の衝撃　解説（秋山清）

大杉栄　奴隷根性論
宮島資夫　坑夫
辻潤　ですぺら（抄）
武林無想庵　性慾の触手
平戸廉吉　アラベスク（抄）他

第2巻　方法の実験　解説（佐々木基一）

内田百閒　冥途
佐藤春夫　F・O・U
横光利一　蠅
川端康成　水晶幻想
萩原朔太郎　猫町　他

第3巻　革命と転向　解説（平野謙）

中野重治　春さきの風
佐多稲子　キャラメル工場から
黒島伝治　渦巻ける烏の群
小林多喜二　一九二八年三月十五日
武田麟太郎　暴力　他

第4巻　政治と文学　解説（亀井秀雄）

中野重治　五勺の酒
武田泰淳　審判
野間宏　顔の中の赤い月
椎名麟三　深尾正治の手記
田中英光　地下室から　他

第5巻　日常のなかの危機　解説（松原新一）

嘉村礒多　崖の下
井伏鱒二　かきつばた
太宰治　桜桃
高見順　インテリゲンチア
武田泰淳　愛のかたち　他

第6巻　黒いユーモア　解説（花田清輝）

内田百閒　朝の雨
石川淳　曽呂利咄
井伏鱒二　白毛
飯沢匡　座頭H
深沢七郎　楢山節考　他

第7巻　存在の探求（上）　解説（高良留美子）

梶井基次郎　桜の木の下には
北条民雄　いのちの初夜
中島敦　悟浄出世
稲垣足穂　弥勒
椎名麟三　深夜の酒宴　他

第8巻　存在の探求（下）　解説（埴谷雄高）

石上玄一郎　自殺案内者
野間宏　暗い絵
島尾敏雄　摩天楼
坂口安吾　白痴
大岡昇平　野火　他

第9巻　性の追求　解説（渋沢龍彦）

谷崎潤一郎　卍
坂口安吾　私は海を抱きしめていたい
室生犀星　遠めがねの春
大江健三郎　鳩
吉行淳之介　砂の上の植物群

第10巻　証言としての文学　解説（竹内泰宏）

大岡昇平　浮虜記
原民喜　夏の花
吉田満　戦艦大和の最期

長谷川四郎　シベリヤ物語
藤枝静男　イペリット眼　他

第11巻　日本的なるものをめぐって　解説（広末保）

谷崎潤一郎　吉野葛
室生犀星　かげろふの日記遺文
宇野千代　おはん
井伏鱒二　吹越の城
滝口修造　北斎　他

第12巻　歴史への視点　解説（大岡昇平）

江馬修　山の民―蜂起
井伏鱒二　さざなみ軍記
中山義秀　土佐兵の勇敢な話
中島敦　李陵
坂口安吾　二流の人　他

第13巻　言語空間の探検（大岡信編・解説）

安西冬衛　軍艦茉莉
北川冬彦　戦争
竹中郁　象牙海岸
西脇順三郎　Ａｍｂａｒｖａｌｉａ
北園克衛　黒い火　他

第14巻　青春の屈折（上）　解説（長田弘）

梶井基次郎　冬の蠅
中島敦　かめれおん日記
堀辰雄　恢復期
伊藤整　若い詩人の肖像
中野重治　歌のわかれ　他

第15巻　青春の屈折（下）　解説（磯田光一）

野間宏　崩解感覚
武田泰淳　異形の者
井上光晴　ガダルカナル戦詩集
久坂葉子　ドミノのお告げ
安岡章太郎　ガラスの靴　他

第16巻　物語の饗宴　解説（いいだ・もも）

谷崎潤一郎　蘆刈
白井喬二　第二の巌窟
江戸川乱歩　屋根裏の散歩者
夢野久作　あやかしの鼓
小栗虫太郎　完全犯罪　他

別巻　孤独のたたかい　解説（八木岡英治）

堺誠一郎　曠野の記録
竹之内静雄　ロッダム号の船長
白井健三郎　はりつけ
能島廉　競輪必勝法
北田玲一郎　機械と太鼓
―プロパチンカアの独白　他

現代人の思想　平凡社　全22巻　昭和42年5月〜44年3月

1　病める現代　中村雄二郎編・解説
現代の精神的状況（抄）　ヤスパース、試練に立つ文明（抄）　トインビー、共産主義的人間　林達夫、エロスと文明の弁証法　マルクーゼ、他

2　実存と虚無　白井健三郎編・解説
形而上学とはなにか　ハイデッガー、否定の起原　サルトル、日記抄　カフカ、不条理の壁　カミュ、夢について　埴谷雄高、他

3　現代の信仰　佐古純一郎編・解説
われとなんじ　ブーバー、人間について　バルト、キリスト教徒の苦悩と幸福　モーリアック、悟り　鈴木大拙、他

4　反抗的人間　いいだ・もも編・解説
死刑囚の手紙　李珍宇、二十歳に終止符を打て　奥浩平、下層黒人大衆へのメッセージ　マルコムX、遺書　ルムンバ、悲劇と栄光ゲバラ、他

5　文学の創造　佐々木基一編・解説
ナジャ（抄）ブルトン、ゼーガース＝ルカーチ往復書簡、真鍮買い（抄）ブレヒト、ソビエト作家同盟第四回大会への手紙　ソルジェニツィン、他

6　美の冒険　高階秀爾編・解説
芸術の運命（抄）ウェイドレ、近代芸術における形式の崩壊　リード、新しいものの伝統（抄）ローゼンバーグ、輝く都市（抄）ル・コルビュジエ、他

7　大衆の時代　鶴見俊輔編・解説
複製技術の時代における芸術作品　ベンヤミン、視覚・聴覚・情覚　マクルーハン、テレビと大衆文化の諸形態　アドルノ、イギリス・君のイギリス　オーウェル、しごと　グッドマン、他

8　性的人間　栗田勇編・解説
殺人の研究（抄）ウィルソン、性に関する三つのエッセイ　フロイト、海――人間と性　ロレンス、悪の意味　バタイユ、サドは有罪か（抄）ボーヴォワール、他

9　疎外される人間　竹内良知編・解説
若きマルクス（抄）ルカーチ、初期マルクス研究　マルクーゼ、日常生活批判（抄）ルフェーブル、20世紀社会と疎外　フロム、弁証法の冒険（抄）メルロ＝ポンティ、他

10　組織のなかの人間　高橋徹編・解説
自由と社会的抑圧　ウェーユ、良心への挑戦　アーレント、自我の正体を求めて　エリクソン、自我の独裁　ケニストン、個人主義の再考察　リースマン、他

11　**変貌する資本主義**　伊東光晴、相良龍介編・解説

現代の資本主義（抄）　ストレイチー、独占力と拮抗力　ガルブレイス、戦後資本主義の諸変化　ドッブ、帝国主義は変わったか　バラン、スウィージー、他

12　**明日の産業社会**　相良龍介、伊東光晴編・解説

新しい産業国家について　ガルブレイス、エグゼクティブとコンピューター革命　ドラッカー、「日本の経営」の特徴　アベグレン、「パワー・エリート」（抄）　ミルズ、他

13　**新しい歴史観**　河野健二編・解説

二一世紀の文明について　フーラスティエ、科学と技術の未来像　バナール、集団をこえるもの　ティヤール・ド・シャルダン、歴史における茶番と悲劇　ルフェーヴル、歴史哲学入門（抄）　アロン、現代史の本質　バラクラフ、他

14　**伝統と現代**　篠田一士編・解説

詩と伝統　イェイツ、訳詩小見　会津八一、形而上派の詩人たち　エリオット、死者の書　折口信夫、ウィーン　アドルノ、他

15　**未開と文明**　山口昌男編・解説

人類学の創始者ルソー　レヴィ＝ストロース、遊牧論　今西錦司、一寸法師　石田英一郎、イメージとシンボル（抄）　エリアーデ、他

16　**政治的人間**　永井陽之助編・解説

革命について（抄）　アーレント、パルチザンの理論　シュミット、堕落論　坂口安吾、情熱的な精神状態　ホッファー、権力と人間（抄）　ラスウェル、他

17　**民族の独立**　堀田善衛編・解説

暴力　ファノン、投票か弾丸か　マルコムX、歴史は私に無罪を宣告するであろう　カストロ、

アルジェ演説　ゲバラ、人民民主主義独裁について　毛沢東、他

18　社会主義の新展開　佐藤昇編・解説
ロシア革命　ローザ・ルクセンブルク、革命と知識人階級　グラムシ、ソヴィエト・テルミドール　トロツキー、敗北における勝利　ドイッチャー、先進資本主義の矛盾　ゴルツ、他

19　核の傘に覆われた世界　久野収編・解説
三たび平和について　平和問題談話会、アインシュタイン＝フロイト往復書簡、非暴力から生じる力　ガンディー、平和か原爆戦争か　シュバイツァー、反戦アピールの記録、他

20　科学の哲学　市井三郎編・解説
科学哲学の形成（抄）　ライヘンバッハ、科学と近代世界（抄）　ホワイトヘッド、科学的推理の要請　ラッセル、知識に対する三つの見方　ポパー、他

21　科学革命の世紀　丹羽小弥太編・解説
ペニシリンの発見　モロワ、創造性の本質　ウィーナー、科学と人間性　湯川秀樹、他

22　機械と人間との共生　鎮目恭夫編・解説
戯曲『ロボット製造会社R・U・R』　チャペック、オートメーション時代の到来　リリー、人間の人間的な使い方（抄）　ウィーナー、技術論　武谷三男、すばらしい新世界（抄）　ハックスリ、他

戦後日本思想大系　筑摩書房　全16巻　1968（昭和43）年7月〜74年5月

第1巻　戦後思想の出発　編集・解説／日高六郎
雄勁沈着なれ（『朝日新聞』社説）　平常心を豊かに（高村光太郎）　三箇の問題（正木ひろし）　日本帝国終末（林尹夫）　原爆被災時のノート（原民喜）　他

第2巻　人権の思想　編集・解説／武田清子
新日本文化の創造　新憲法発布（南原繁）　信教の自由について　言論自由の思想的根拠（矢内原忠雄）　人権の意識（正木ひろし）　他

第3巻　ニヒリズム　編集・解説／梅原猛
堕落論　白痴（坂口安吾）　トカトントン（太宰治）　焼跡のイエス（石川淳）　我々にとってのニヒリズムの意義（西谷啓治）　現代とニヒリズム（唐木順三）　他

第4巻　平和の思想　編集・解説／鶴見俊輔
再読「きけわだつみのこえ」（安田武）　雑感（後藤弘）　「難死」の思想（小田実）　ガリヴァ旅行記（原民喜）　われらの内なる戦争犯罪者（作田啓一・高橋三郎）　他

第5巻　国家の思想　編集・解説／吉本隆明
族長法と王法（石母田正）　古典における罪と制裁（井上光貞）　天津罪国津罪再論（石尾芳久）　天皇制（藤田省三）　『天皇制に関する理論的諸問題』より（神山茂夫）　他

第6巻　革命の思想　編集・解説／埴谷雄高
獄中十八年（抄）（徳田球一）　誰が戦線を分裂させたか（荒畑寒村）　第五回党大会宣言（日本共産党）　唯物論者になるまで（出隆）　他

第7巻　保守の思想　編集・解説／橋川文三
『同時代史』より（三宅雪嶺）　敗戦学校（徳富蘇峰）　先祖の話（抄）（柳田国男）　日本歴史に関するいわゆる知識人の知識（津田左右吉）他

第8巻　経済の思想　編集・解説／伊東光晴・長幸男
昭和二十一年度衆議院財政演説（石橋湛山）　経済実相報告書（附経済緊急対策）（経済安定本部）　日本経済成長論（下村治）　他

第9巻　科学技術の思想　編集・解説／星野芳郎
中間子論30年（湯川秀樹）　素粒子論と哲学（坂田昌一）　星の進化から銀河の進化へ（武谷三男）　リーマン幾何学成立の背景（抄）（近藤洋逸）　他

第10巻　学問の思想　編集・解説／加藤周一・久野収
〈検討会〉新学問論（丸山真男・飯塚浩二・川島武宜・大塚久雄・中村哲・野田良之〈司会〉瓜生忠夫）　思想史の考え方について（丸山真男）　他

第11巻　教育の思想　編集・解説／佐藤忠男
初等科国語（六）（文部省）　戦後教育制度改革の意義（南原繁）　日本の教育はどうあったか（宗像誠也）　教育基本法　教師の倫理綱領（日本教職員組合）　他

第12巻　美の思想　編集・解説／羽仁進
ぼくの方法（武満徹）　『手の変幻』より（清岡卓行）　世界拡大計画（高松次郎）　現代観衆論（東野芳明）『底辺の美学』より（松永伍一）　他

第13巻　戦後文学の思想　編集・解説／高橋和巳
如是我聞（一）（二）（太宰治）　可能性の文学（織田作之助）　歌声よ、おこれ（宮本百合子）　滅亡について（武田泰淳）〈座談会〉文学者の責務（荒正人・小田切秀雄・埴谷雄高・平野謙・佐々

木基一・本田秋五）他

第14巻　日常の思想　編集・解説／高畠通敏

戦後派の中間的性格（加藤秀俊）生活から何が失われたか（宮本常一）伝統域は集団反射（きだみのる）恥の文化再考（作田啓一）他

第15巻　現代日本論　編集・解説／久野収

裸の日本人（抄）（佐藤忠男）公と私――義理と人情（有賀喜左衛門）タテ社会の人間関係（抄）（中根千枝）文明の生態史観序説（梅棹忠夫）日本人の思想的態度（福田恆存）他

第16巻　現代人間論　編集・解説／小田実

原爆小景（原民喜）荒廃の夏（井上光晴）ベトコン少年、暁に死す（開高健）基本的人権と医学（松田道雄）〈対談〉国家と政治死（武田泰淳・鶴見俊輔）他

今泉 正光（いまいずみ・まさみつ）
1946年、宇都宮生まれ。1970年、キディランド入社。77年、西友「前橋西武店」に移り、83年、西武池袋店（後のリブロ）へ。97年、リブロ本部退職後、煥乎堂、平安堂を経て、2007年退職。

「今泉棚」とリブロの時代——出版人に聞く 1

2010年9月15日 初版第1刷印刷
2010年9月20日 初版第1刷発行

著 者 今泉正光
発行者 森下紀夫
発行所 論 創 社
東京都千代田区神田神保町 2-23 北井ビル
tel. 03（3264）5254 fax. 03（3264）5232 web. http://www.ronso.co.jp/
振替口座 00160-1-155266
インタビュー・構成／小田光雄 装幀／宗利淳一
印刷・製本／中央精版印刷 組版／フレックスアート
ISBN978-4-8460-0878-9